Los testimonios del ahorcado

(Cuerpos siete)

Vivo Fuego

Colección de poesía

Poetry Collection

Live Fire

Max Rojas

LOS TESTIMONIOS DEL AHORCADO

(CUERPOS SIETE)

Edición e introducción de

Iván Cruz Osorio

Nueva York Poetry Press®

MALPAÍS EDICIONES

Nueva York Poetry Press LLC
128 Madison Avenue, Oficina 2RN
New York, NY 10016, USA
Teléfono: +1(929)354-7778
nuevayork.poetrypress@gmail.com
www.nuevayorkpoetrypress.com

Los testimonios del ahorcado (Cuerpos siete)
© 2021 Herederos de Max Rojas
© 2021 Nueva York Poetry Press
© 2021 Malpaís Ediciones

© Edición e introducción:
Iván Cruz Osorio

ISBN13: 978-1-950474-99-8

© Colección Vivo Fuego vol. 2
(Homenaje a Concha Urquiza)

© Dirección:
Marisa Russo

© Concepto de colección y coordinación:
Francisco Trejo

© Diseño de interiores:
Moctezuma Rodríguez

© Diseño de portada:
William Velásquez Vásquez

© Imagen de portada:
Santiago Solís

© Fotografía de autor:
Gabriela Astorga

Rojas, Max
Los testimonios del ahorcado (Cuerpos siete), 1ª ed. New York: Nueva York Poetry Press, 2021.
228 pp. 5.25 x 8 inches.

1. Poesía mexicana. 2. Poesía latinoamericana.

INTRODUCCIÓN

Durante el proceso de edición del tomo 1 del proyecto poético *Cuerpos*, publicado en la colección Práctica mortal de la Dirección General de Publicaciones de CONA-CULTA, en 2011, Max Rojas me comentó su decisión de que todo el proyecto se publicara en 4 tomos. Es decir, los 25 apartados que conforman la totalidad del proyecto se reuniría en 4 volúmenes; entendí desde ese momento lo monumental del trabajo editorial e igualmente de las altas necesidades económicas que conllevaría. A punto de cumplir 10 años de publicado aquel primer tomo de *Cuerpos*, y tras tocar diversas e inconmovibles puertas de nuestro sistema cultural, comprendí que es necesario dar continuidad a la publicación de los 25 apartados. De tal forma, gracias al interés de Nueva York Poetry Press, reiniciamos la publicación de *Cuerpos* como originalmente se lo propuso Max, apartado por apartado; dejando para un venturoso momento la publicación en 4 tomos, y asumiendo la tarea de que se conozca este magno poema que se advierte como el más largo de nuestra lengua y de una trascendencia ya notable. Así corresponde seguir la publicación con *Los testimonios del ahorcado (Cuerpos siete)*. Desde luego, como advertía Max Rojas, encontraremos en este apartado la continuidad de lo que no tiene ni principio ni término, sino una "lógica poética" de las obsesiones del autor. Pero, ¿cuáles son éstas obsesiones?

Escudriñar las entrañas de *Cuerpos* implica comprometerse en una lectura exigente en diversas disciplinas, desde luego, en el ámbito poético que implica el uso de diversos recursos para mantener la tensión poética en un libro que empieza en cualquier verso y continúa sin ningún desenlace, así como el análisis del uso del versículo que se concatena en un ritmo galopante. Así como la estructura laberíntica que irrefrenablemente nos llevará y nos reencontrará con temas como la otredad, el Doppelgänger (los dobles fantasmagóricos del autor), el suicido, la lujuria, la locura, la vida, la muerte, la nada, el todo. En pocas palabras, la ontología, la metafísica general. Max Rojas estudió la licenciatura en Filosofía, en la UNAM, y se vinculó rápidamente con la nueva generación de marxistas que a finales de los años 60 se reunieron alrededor de líderes sindicales que buscaban democratizar las condiciones del obrero, tal es el caso de Rafael Galván, líder del Sindicato Único de Trabajadores Electricistas de la República Mexicana (SUTERM). Aquí Max trabajó codo a codo con su gran amigo, el filósofo de la ontología marxista, Carlos Pereyra (1940-1988), uno de los líderes ideológicos de la praxis obrera de la izquierda. Max Rojas resume en *Cuerpos* sus búsquedas y desencuentros con las grandes preguntas sobre el *Ser*. Ese laberinto inabarcable que es la existencia y la finitud; desde luego como poeta responde y abre nuevos cuestionamientos sobre la razón o sinrazón del ser, pero con su otra gran pasión: la filosofía, se asume entre la contradicción y el pesimismo de Georg Lukács y la infatigable esperanza de su héroe José Martí y de José Revueltas. De tal manera nos enfrentamos a una obra profundamente poética y en la misma proporción de manera filosófica.

En *Los testimonios del ahorcado (Cuerpos siete)* recorreremos otra sección de ese gran laberinto que es la dialéctica de la vida y la muerte, en donde Rojas escribe:

relato del insomne que deambula como idiota
entre la fe perdida y el deseo por reencontrarla,
ser creyente en la bondad del mundo,
amar de nuevo a cuerpos aunque huyan al fin de los espejos
y no se vea ni el mísero reflejo que reflejan los reflejos
cuando también deciden irse y reflejan nada más
que los vacíos que hay, en realidad, adentro de los mismos,
que simulan que recogen los cuerpos que pasan por
      enfrente,
                pero es falso,
hay una profunda crisis de todo lo existente
que impide que un reflejo tome forma
              o adquiera proporción corpórea,
ser activo o no-ser

En este fragmento encuentro lo que apunta Lenin sobre la representación artística de la realidad: "El acto de abordar el entendimiento (del hombre) la cosa particular, la elaboración de una copia (un concepto) de la misma, no es un acto simple, directo, muerto a la manera de un espejo, sino un acto complicado, discrepante y en zigzag". Max realiza este acto discrepante y en zigzag para transmitirnos su posición ontológica.

Por último para la realización de la lectura de este proyecto poético, sigamos la recomendación que el propio Max Rojas nos señala: "realice una lectura en desorden, sin dejarse regir por los apartados en que está dividido el poema; para esto puede tomar como punto de referencia cualquier coma e iniciar su lectura o también concluirla en cualquier coma".

IVÁN CRUZ OSORIO
Ciudad de México, enero, 2021

Los testimonios del ahorcado

(Cuerpos siete)

seguridad de que la niebla existe
y configura mundos hoscos,
terribles estaciones donde fallecen los fantasmas
y los alambres cuelgan de sí mismos sujetos a su propio
        esfuerzo,
su voluntad inquebrantable de proseguir su propia
        desventura,
impulso hacia la nada del geómetra
                que traza curvas en un espacio lleno de vacío,
figuras en lo abstracto que dibuja el sueño,
                desdibuja el polvo,
cuerpo en lo concreto que deviene sombra
y abandona su imagen en medio de la sombra dejada
                por los otros cuerpos,
vagas sombras o tinieblas que no pudieron irse
y se quedaron como cuerpos inmersos en una soledad
        rabiosa,
cuerpo como espejo que refleja cuerpo que parece espejo,
que se sabe que es principio pero es el fin de un círculo
que no comienza pero acaba en plena oscuridad orgiástica
o campamento que fue precipitadamente dejado por sus
        dueños
y tuvo que irse por su cuenta sin que mediara explicación
                sobre las causas que motivaron la estampida,
huir a toda costa y no dejar recuerdo alguno,
ninguna consideración para escribir los epitafios a los
        vivos
ni respeto a los que fueron consagrados por la muerte,
los muertos tan solemnes como si siguieran vivos,
                los gestos patitiesos,
muecas blandas que no indican fervor hacia los muertos

ni odio por los gatos que aparecen
    en toda pesadilla digna de ese nombre,
felinos lujuriosos que toman por asalto los tinacos
     y maúllan de un modo lastimero
que derruye el corazón de los espíritus sensibles
que quieren reposar tranquilos en sus muelles-camas
      como barcos amarrados a la tierra firme,
lobeznos de lo húmedo que deja lo corpóreo
       cuando levanta el vuelo
y no se encuentra por ninguna parte el modo de lograr
     que se articulen las palabras
y se envíen memorias a los cuerpos que optaron
      por un exilio casi voluntario,
una determinada forma de inventar distancias
       inmensamente largas
que ocasiona que el amante no pueda ni mirar de lejos
    los cuerpos añorados,
cuerpos-basamento que resuenan
como velas encendidas al pie de un candelero triste,
como un noctívago irredento que no encuentra manera
      de que cese el llanto,
    terminen los pesares,
la alegría retumbe entre sus dientes
y le permita adquirir un bello tono pálido
       que sea causal de envidia
por parte de los objetos más pequeños
que pueda uno concebir en sus más atroces deseos
     de aniquilar a todo lo minúsculo,
lo no visible como cuerpos idos
o idea fantasmagórica de que amar es algo imprescindible
si se quiere gozar de una vida placentera

y no dilapidada en vicios,
cuerpos no palpables pero certeza que los cuerpos
suenan,
llaman, aunque en raras ocasiones
y sulfuran una especie de perdón que no se concretiza,
no vienen de visita o vienen pero en la forma tan sutil
que adopta la neblina que nadie puede verlos
aunque cimbran el espacio como una mariposa
que arde en su ceniza,
se acercan, pero no en los hechos,
la praxis cotidiana del amor que se precia de serlo
y de no serlo casi al mismo tiempo,
forma inadecuada en que el amante se desgarra el alma
sin arribar a conclusión precisa de si hay o no
características
comunes con la extrañeza que el sonámbulo propone
para hacer que lo real se vuelva sueño,
realidad abstrusa en que el color morado
haga de las suyas y nadie se aproxime a los radiantes
cuerpos
que abren sus paraguas y se ocultan por debajo
de las cosas reales
como fatídica expansión de lo que existe de verdad
y no las meras entelequias que el desvelo trae consigo,
cuerpos veladamente ruines,
algo amargos o distancia que se aleja
hasta perderse en la notoria indiferencia
que el espacio tiene hacia las causas nobles,
los altos objetivos que obligan al sujeto a redoblar
esfuerzos
por conquistar el cuerpo de la amada

y le revientan los tendones uno a uno
                              en medio de gritos de dolor terribles,
ruindad, también, la de los cuerpos
                cuando las bocas y las lenguas no hablan,
                                    enmudecen,
mudan piel o fingen que no comprenden nada
de lo que pasa en torno a ellos,
                        como si nadie los buscara,
como si los guerreros no danzaran en busca de la guerra
                              y la matanza de las ciervas
(nada hay como una cierva muerta, desgarrada),
como si las fogatas no tuvieran sueño
                              y no tuvieran ganas de dormirse
y no supieran nada de los cuerpos vagamente ruines,
vanamente satisfechos de sí mismos,
                cuerpos vanos,
                              confortables, pero indóciles,
                              poco elásticos,
poco materia transformable en algo que no espine
                                    y deje cicatriz
o llaga que despierta con un remordimiento grave
                                    trisándole la herida
como áspera mujer que dictamina el fin de las columnas
y las bóvedas que están en el final de sostenerse por su
        solo peso,
                        se desploman,
caen con el estruendo que hace falta
                                para que todos aseguren
que las bóvedas terminaron su jornada
                y urge diseñar de nuevo
algo que funcione como bóveda

y proteja a los cuerpos del furioso vendaval

                    que asusta a las ventanas

y las hace echar llave a las puertas

                    que quedaron un poco estupefactas

ante el hecho de que no podían ni abrirse ni cerrarse,

se quedaron tercamente rígidas y nadie traspasó su

       seriedad

para viajar de adentro/afuera o de afuera/adentro

de ningún lugar a otro igual de semejante o, al menos,

parecido a los muchísimos bosquejos de lugar

                    que aún existen o no existen,

              da lo mismo,

no hay lo que parece estar y, por igual,

              sí hay lo que no está en ninguna parte,

la densidad exacta para que el agua se mantenga seca

      y no empape más aún los cuerpos que destilan agua,

cuerpos como océanos inmensamente grandes

que distraen la persistencia del olvido y su tristeza larga,

más pesada que un barco que se hunde

                    después de una navegación

que muchas veces tuvo al viento en contra o no hubo

       viento,

que se fue de todas partes disculpa que disculpa

pero tenía otros menesteres más urgentes que atender

que llevar a los barcos que transportan cuerpos,

a donde a éstos les viniera en gusto

                    y no a donde él quería llevarlos,

viento en evasión continua

y fuga de los cuerpos como forma de lo impío que duele

            o la costumbre de vaciar humo en el humo,

                ceniza en la ceniza,

cuerpo ido sobre cuerpo ido hasta formar
                              un no-vacío repleto de no-cuerpos
que proclaman su inocencia en todo lo que hace
          referencia
                    a sostener que el desamor
es una afección interesante que se deja como muestra
                              de que los cuerpos se irritaron
contra todo lo que estaba cerca o concernía al devoto
          amante
y abordaron naves que partieron, raudas,
      hacia ignotas tierras perdidas en el fin del mundo,
agrio limón que cae sobre cascada-muerte,
cuerpo que apenas sobrevive en medio de la noche,
cuerpo apenas que se hunde en la madera
                    ya casi vegetal que se humedece
o sensación de musgo que se espesa y crea el agua,
reformula el papel que el agua cumple en los ritos
          amorosos
                    como lenta disección de lo instituido,
forma que se disgrega de este mundo y queda solo el
          mundo
despoblado como esfera hueca,
                              círculo sin nada adentro,
como desastre de la luz cansada por el frío,
          voluminosa como un arcángel denso,
                              fatigado,
ya desmemoria en pleno desenfreno
                    o hueco que conoce lo inmenso de su hueco,
                              su final sin fondo,
el sin fondo que prosigue, desfondado,
hasta una altura desmedida como un gesto amoroso

de contento que no encuentra respuesta y se retira,
mustio,
abandonado
por sí mismo y lo que queda de la amante que recoge
su osamenta y parte en busca de otro sueño estremecido,
estremeciente el salto del suicida que no encuentra
su alambre
y salta sin que nada lo sostenga y queda troceteando el
aire,
dirigiendo al aire el último discurso que, pensaba,
los cuerpos deberían de escuchar con cierto arrobamiento
o, incluso, cierta admiración por el girante admirador
de su belleza eterna,
el perdulario que pendula
entre las ráfagas de alcohol vituperino
que acida los órganos internos
pero brinda la confortable sensación inenarrable
de estar acompañado por un algo que no es alguien,
pero da la idea de que los bultos suministran el fervor
del que el mundo material carece en demasía,
habitación sin huéspedes que masquen vidrio,
reconsideren su papel de extraños emisarios del sonido
que dejan las esferas cuando parten o, simplemente,
estallan,
cortan los hilos que sostienen, más o menos, al mundo en
sus cabales,
descuartizan mundo,
hablan a solas con lo tremendo de su huesa,
el tan terrible hueserío que se lleva por adentro
y no hay manera de cambiarlo,
entretenerlo dándole otra forma,

otra manera más graciosa de cargar con tanto hueso
                                        sin venirse abajo,
caer como caen los precipicios cuando se hartan
de ser tan sólo precipicios
                            y no cumplir otra función más noble
que la de guardar los restos de los muertos
que no atinan a saber en dónde echarse,
guardar los exiguos equipajes que se llevan
 a la última función circense que se ofrece en este mundo,
el gesto deplorable que deja
                        el abandono al despedirse de sí mismo
y se abandona a una errancia
vagamente lamentosa que lo lleva de un encierro a otro,
una prisión de mismidades a otra casi idéntica
                                    en que lo mismo
asume un papel indiferente pero de importancia suma
                en los hechos que vendrán irremediablemente,
causal casualidad que lleva a que el azar sostenga
                                    sus jugadas turbias
e impida que el amor juegue sus dados
                                de dichas y desdichas,
goces e infortunios como un tropel de sombras arriscadas
                o relámpagos que lumbran mundos,
aluzan lo no-visto,
lo no-creado, que apenas comienza a vislumbrarse
                        y queda, de repente, a oscuras,
                        cuerpos idos,
cuerpos desasidos que contemplan en sus ojos
los abismos que produce el miedo a los abismos,
y las terribles consecuencias cuando el muerto
                se acerca a mirar aquellos ojos

y los cuerpos abordan el camión que llega a los olvidos
                y los abismos se abren a lo alto,
                                        crecen,
desmesuradamente crecen,
cubren manchas solares y eclipses de la luna
        o encierran a los sótanos en una oscuridad que brama,
                                bufa,
escupe llamas entre dientes rotos,
                belfos calcinados,
                                        clavos que arden,
espacios que se quiebran como si fueran corcholatas
        viejas
                o imágenes de ancianas latas desdentadas,
aluminio a punto de partirse en lonjas muy delgadas,
                                                casi verdes,
casi esperanza a punto de irse para siempre
                        y no volver jamás con su aspereza amarga,
sus dientitos de calaca con aliento alcohólico
                        que maneja su ebriedad sinuosamente,
                                literariamente,
como rostros que todavía no empiezan a borrarse
pero ya están como sombreados por la muerte del difunto
                que los mira rostros idos y se entiende solo,
se comprende solo en el abismo de los ojos
de las enormes calaveras que llegan de su propio abismo
y que le avisan que la guerra ha terminado
                                y sólo hay muerte,
                salvación,
                        condena,
desolación traída por la nada como elegante vestimenta
                                para días festivos,

solemnes honras fúnebres en fechas menos ostentosas,
más festivas,
más destinadas a irse de parranda
que a guardar el luto por sí mismo,
por los otros compadres desatados que tanto se
esmeraron
en cuidar la mala vida,
la imagen de la vida como una cosa insustancial y vacua,
y las batallas siguen,
las derrotas, que son su contraparte,
como contradicción irresoluble,
los gemelos, que conforman la dualidad
que siempre estuvo en pugna,
o lo múltiple, más bien, porque cada gemelo
dio a luz a sus gemelos y éstos, a su vez, a otros,
lo que dio paso a un pleito general del que no salvó
ninguna cosa,
tan sutiles frases que dicta la experiencia
cayeron en oídos completamente sordos,
tapia avergonzada de beberse a escondidas
el mezcal que les quedaba para aguantar
un amanecer plagado de borrascas
que les hizo olvidar que aún estaban vivos,
o, al menos, no del todo muertos
pero cerca de que el señor que toca el trombón en los
velorios
decidiera que era hora de empezar el ruido,
las diezmadas golondrinas que llamaron a la puerta
sin saber lo que pasaba adentro y acabaron, sin quererlo,
en una caja blanca,
una propuesta de mortaja que pareció no serles atractiva

y buscaron un morado tristón y apaciguado

                              para esperar la dicha eterna,
                    dama calmadísima,
señora que se tarda añales en llegar
       y todavía medita largamente si otorgar su bendición
o dejar que los cuerpos se sentencien a vagar

                       por el espacio sin piedad alguna
y que los cuerpos tomen parte, también de los naufragios
y no huyan cuando sienten que fallan las junturas
o los tablones empiezan a cuartearse

                    por el mucho peso de los cuerpos idos,
la mucha sombra que acabó juntándose
y acabó por desquiciar al poco orden
que logró guardarse después
de que los cuerpos,

              cada uno por su cuenta y en distinto tiempo,
crearon su versión originaria de cómo debe comportarse
      un caos
y se fueron sin dejar señal, tampoco,

                de cómo debe un hombre solo
administrarse en lo caótico dejado por tan varios caos,
tantas demencias tan dispares que juntaron fuerzas

                            y cayeron
sobre el cuerpo del ausente que salió en busca de
      memorias
con las cuales completar su historia a estas alturas

                      cabalmente inverosímil,
puro invento de una puerta desquiciada
que perdió sus goznes y rodó hasta llegar
a las finales profecías que anunciaban el final del mundo

                    aunque prosiguen las batallas,

la muerte sigue dando muerte a las gacelas

          y sigue amando inmensamente a las gacelas
y no hay nada que sobre en la porción del universo

          que corresponde a los dementes que se cuelgan
de la lengua del ahorcado para ahorcarse y se columpian

          con auténtico entusiasmo
para que el nudo de la cuerda quede tenso

          y el ahorcamiento termine en buena forma,
los magníficos modales que acostumbran los suicidas

          cuando dan su salto,
          los ágiles danzantes,
magníficos equilibristas que no requieren de la cuerda
          floja

          para alzarse a lo vacío
pero sólo hacen el ridículo y se quedan columpiando
en espera de que alguien les informe lo que debe hacerse
en casos de emergencia porque no hay cursos de suicidio,

          maestrías en incongruencia,
doctorados en loqueras sumas

          o delirios extremadamente graves,
hazañas delictivas pocas veces vistas

          o deleite insano en contemplar
los cuerpos cuando están desnudos
que no pueden mirarse con los ojos ciegos
de las aves muertas que hacen un ligero ruido
cuando quieren parpadear pero carecen ya de párpados
y sólo se oye un viento suave que respira

          muy calmadamente,
muy estación en el sosiego de los cuerpos que arden

          y una mujer se va sin tan siquiera despedirse,
decir adiós a los quedan hundidos en la pena,

                objeto casi sacro de devoción casi continua,
casi peregrinaje cotidiano al mundo de los mitos,
casi completa aceptación de los pecados cometidos
                                en nombre de la carne
y aceptación de una conciencia que barbota culpas
como señal de una condena irredimible,
                                que llega a la región del sueño
pero el gozo queda y multiplica dones,
                                dichas venturosas,
desventuras que son como el placer que demuestra la
        lujuria
                        cuando grita su júbilo exultante
y muestra su férrea dentadura lista para morder la carne
que todavía se encuentra lejos
pero da la impresión de que se acerca, rauda,
quebradiza es la amante, huye y deja todo abandonado
y la lujuria se inclina hacia el alcohol y bebe
su chamusquina de aguarrás
y grita con la certeza de que nadie lo oye o lo acompaña
                        en su gigante dolorón de dientes,
muelas que se oxidan o postizas dentaduras
                que simulan el mordisco pero no hacen daño,
sonríen como beatíficos
                        beaterios que acogen a las buenas gentes
que sonríen con cara de vinagre
o arrullan a bebés desamparados que urgen
de ayuda espiritual para aguantar el crudo invierno,
el verano ardiente que padece de cierta somnolencia
                que le impide cumplir con su misión
de achicharrar los cuerpos
                como manda todo rito que se tome en serio,

toda propuesta de gustar la carne ennoblecida por el
        fuego
                              y su materia grasa,
don divino y amable nutrimento para dioses
que padecen hambre y organizan masacre de cervatas,
                descuartizamiento de gacelas en honor
de los que bajan del columpio en que el suicida se divierte
                         y saltan de alegría,
             piden guerra,
bufan como bisontes a punto de aparearse
con una niebla que no termina de formarse nunca,
más bien neblina pudorosa
                como señora serruchada por un mago,
                  pero sólo a medias,
con la mitad del cuerpo como viniendo de la izquierda
y la otra mitad, indecisa entre seguir de frente
                     o poner reversa,
volver a lo pasado y gestionar algún milagro
para algún futuro imperturbable que no se cumplirá
pero dará alegría al corazón de los presuntos culpables
                de esconder memorias,
no mostrarlas a ningún testigo más o menos fidedigno
que pudiera jurar, en caso necesario,
              que son verdades verdaderas
y no visiones de un señor que confabula historias
            que quisiera hacer pasar por reales,
pero no existieran nunca tales cuerpos,
tales señoras serruchadas malamente
              por un mago advenedizo
o tal suicida que usaba los postes de columpio
y los columpios como una forma entretenida

de saltar al otro mundo,
hornaza de difuntos que no saben disfrutar la vida
ni contemplar un cuerpo de mujer
                    mirándose desnuda adentro del espejo
ni besan labios de mujer que sienten que la lengua
se les vuelve casi proclamación
                    de que la magia existe sobre el mundo,
                        vitaliza al mundo,
luego que los metales y los plásticos concluyen su trabajo
y el buldócer cuida con cariño a sus ancianos padres,
sus pequeños hijos que juegan con sus tuercas
y no están completamente alegres todo el tiempo
                    pero tampoco tristes todo el tiempo,
más bien, no les importa el tiempo,
                        lo desechan como traste inútil,
pero sí los cuerpos a los que el tiempo los restringe
        mucho,
                            los corruga mucho,
tiende a estropiciarlos y los deja como cera
                        extremadamente lisa,
sin pechuga o porciones musculares demasiado tiesas,
                    muy delgadas y poco apetitosas,
la crueldad del tiempo que se ceba en los cuerpos
        que se trenzan en el delirio que baja de los bosques,
                    sube de la tierra,
golpea como el viento enfurecido que llega
                    del océano en raras ocasiones,
viento amante que desgarra cuerpos,
                        monta grupa,
cabalga tempestades o cíclicas llegadas del quemante hielo
que irrumpe en actitudes serias, bien formales,

bien instrumentada la ecuación que logra el equilibrio
      ideal
entre factores tan disímbolos como una afirmación
frente a una negación y, ambas, que se enfrentan a lo
      neutro
que aparece cada vez que el gris asume papeles de
      importancia
o se desdoblan los manteles largos
                    para que hablen los difuntos,
peroren las extrañas circunstancias que les dieron muerte,
cuenten los chistes escabrosos
              que se cuentan en el otro mundo,
los labios disecados que se besan con fervor profundo,
los senos calaquientos que se amasan con una devoción
               que excede toda tolerancia,
nociones de una estética derruida a fuertes ruidos
del trombón que gruñe ante el peso del asfalto
              que le cae encima
y lo convierte en pista de carreras para cuerpos que huyen
            a velocidad funesta
como funesta es la infinita multiplicación de los espacios
          que no terminan de seguir corriendo,
           nunca se detienen,
piden paz para los pies cansados de seguir abriendo
      espacio
sin tener noción de dónde terminar su desventura,
se adormilan o miran de reojo al infinito que optó por
      residir
en un espacio chico,
         reducido,
donde todos los objetos que lo habitan

pudieran ser cambiados de lugar sin mucho ruido
y se encontraran casi a mano cuando hicieran falta,
no buscarlos a lo loco sin saber su exacto domicilio
en esa inmensidad que es el espacio llevado a lo infinito
como cuerpos que no se acaba nunca de saber
qué sueñan
cuando duermen o qué piensan cuando están despiertos,
sueñan,
despliegan sus virtudes de acróbata
que viaja entre sus sueños,
sus libélulas de encantos vaporosos o diademas enviadas
por la noche
con un cortejo de flores irritadas y gritos que anunciaban
la próxima llegada de los barcos que traían
los cuerpos de regreso a casa,
cuerpo en fuga y pasión inevitablemente tensa,
apaciguada, pero no del todo,
sigue ardiendo en chamusquina viva,
cuerpo hiriente como cuerpo no bien fundamentado
nada estable en su firmeza como cuerpo amado,
perplejidad del que se queda solo
y no encuentra manera de encender un cigarrillo
o apagarse el dolor que lo consume como una hoguera,
se oscurece ante la pena por un amor que se le fue
cantando,
extraña sensación de ya no ser,
sino de estarse yendo a lo vacío donde la nada se
apersona
en cuerpo de mujer y brilla sombríamente
y ríe como noctámbulo animal que se olvidó del fuego
y sus caricias,

abismo que se horada y se cuestiona gravemente
sobre su propio porvenir y el de los cuerpos que lo
          horadan,
se vuelcan contra él contra una amante despiadada
               que escribe en las paredes cartas tristes de amor
o apaga desangeladas construcciones grises
                              donde nadie habita,
                                nadie habla
pero sí retumban ruidos como jilguero
con profunda voz de bajo que transmite
                         pensamientos hondos,
cafiaspirinas a las que agobia la jaqueca
                       y gritan de dolor terrible,
cerrazón sobre unos dientes místicos de mujer casi
          corpórea,
carne casi devorable,
                    masticación de glúteos en estado sano,
                         bien apetecibles,
trueno que cae como se caen las latas de cerveza fría,
degustando muslos,
                   uno sobre otro en batahola hirviente,
en pleito rufianesco con el sediento que lo único que
          quiere
es acabarse él solo todas las cervezas
                            porque nada importa
sino quedar encervezado hasta que todos
los trombones queden ebrios
               y no puedan articular ningún sonido lógico,
ninguna desventura accidental
                    que pudiera llevarlos al suicidio
y dejar de trombonear definitivamente,

no trombón sino antiguo sonido de trombón
que todavía puede escucharse pero lejos
como afónico señor que canta con voz desatinada y ruega
porque alguien le quite el estertor que sale de sus
     bronquios
               más que secos,
fumador astroso, como en guerra de cuerpos contra
     cuerpos,
ronda de los lobos que van hacia la muerte
        con desvío hacia cuerpos ligeramente fatuos,
un tanto vanidosos,
ardiente cacerola que adopta la forma de la amada
para que no se piense que su ausencia duele mucho,
           un rasguño
o un no-dolor, sino un suspiro en falso que huye
hacia lo externo del espejo
y no se cuida mucho del decir de los extraños visitantes
que regresan de atrás de la escalera y se acomiden
a lanzar conjuros que procuren dar algo de paz
a los que están dañados del espíritu,
damnificados del almario o que requieren
con urgencia refacciones que mantengan en servicio
        un alma bien gastada por el tanto abuso,
el mal funcionamiento que hubo del almatroste
     traqueteado
              por las muchas muinas,
las rabietas que deja el desconsuelo cuando viene
                y arremete
contra todo lo que estaba en orden y estropicia el
     bienestar
        que había,

hasta dejar un malhechote pedazo de carbón
que saca de su quicio a los infames muñequitos
                            que quisieran
jugar a las canicas con los cuerpos
                            cuando asumen la figura de la esfera
y se deslizan a gran velocidad
                por las riesgosas avenidas que llevan al desvelo,
inicuas decisiones que no pueden juzgarse
a la luz de los horóscopos que, casi siempre,
utilizan un dejo de piedad que casi nunca surte efecto
                            en aquellos a quienes se dirige,
pero sí ofrece una determinada cantidad de gozo
al cliente que la lujuria no es capaz de compartir del todo
con los dañosos personajes que acostumbran pernoctar
en vastas madrigueras que los castos cuerpos
                no acostumbran recorrer jamás de los jamases,
 ni siquiera dirigir una mirada clandestina
                                    a tan riesgosos sitios,
pasar por sus fronteras, menos entrar, ni se menciona por
        el pánico
                    que causa en los sensibles cuerpos la vecindad
con lo Maligno y sus larguísimos tentáculos,
                        lejos/cerca
se entreabren las ventanas y por allí los cuerpos
                                        mascullan letanías,
jalan dedos que transcurren por órbitas
                    vacías/llenas de mastuerzo
y almidonadas manos que lo comen en grandes
            cantidades
                                    como un sueño famélico
que arrasa con todo lo que encuentra de comida

y sigue devorando cuerpos
y vendajes que sostienen a los cuerpos
y camillas para el traslado urgente de los cuerpos
y cubetas para erigir sepulcros a los cuerpos
después de la matanza de cuervos y gacelas,
cuando los hospitales crujen fuertemente y se despiertan
saciado el apetito,
satisfechos de ser sólo una pesadilla
y no un encantamiento a largo plazo,
eternidad desmesuradamente larga,
boquiabierta ante la enorme
cantidad de tiempo que tiene por delante,
la infinidad de ofertas que recibe para cercar al tiempo,
guardarlo en una esfera y ponerlo a girar
hasta que se declare que el tiempo enloqueció de pronto
y está ahora hecho un círculo
que sólo da sus vueltas lentas en torno de una esfera
un poco cataléptica y tiempo fuera de servicio
como cadáver con reloj que ve la hora
pero no sabe si es muy tarde o muy temprano,
tiempo de llegar o tiempo
de irse yendo en busca del misterio intemporal
que lo conmueve tanto,
el tiempo que perdió noción del tiempo,
tiempo muerto o una imagen que ya es borroso vidrio
intáctil
o polvo primitivo que no era entonces ni quisiera polvo,
sólo nada
como círculo que apenas comenzaba a ser idea de lo que
implica

ser un círculo acechado por el tiempo que lo quiere
        convertir
                en línea recta,
abuelo de sí mismo pero hijo de otro padre y una madre
        ancestral
que lo parió al mismo que dio a luz al tiempo
que fue traída por el viento que llega del desierto
y de otro hijo
que fue el padre del abuelo que germinó en el polvo
y creó el desierto
donde sopla el viento como lejana rapidez que llega y
        silba
para anunciar que es hora de mover el mundo de su sitio,
                desmontarlo,
                        quitarle los tornillos,
hacerlo que se desmorone y quede como un montón
                de polvo que regrese al polvo del origen,
                sea desierto,
                        sea sed agotadora,
fantasma arrepentido por ejercer profesión tan tétrica,
neblina confundida entre ser cuerpo desertor
                o cuerpo imaginario que suena como tórtola
pero no sabe nada de metales que suenan como trombas,
                        de caracoles
        que se mesan los cabellos de un modo hostil,
como enojados, porque nadie los puso sobre aviso
de que debían sacarse el corazón y guardarlo en una caja
porque no había a quien pudieran dárselo
como una donación a cambio del favor que les permita
                amar lo más que sea posible,
dispensar a los pecados de la arrogancia de nombrar

culpables o inocentes,
formular iras y condenas a diestras y siniestras
                    e impedir que se vuelque el ardor
que llega de los cuerpos que ansiosamente esperan
        la llegada del flamígero demonio que acaricia muslos,
                            sorbe senos,
entra en sexos que se abren como puertas demenciales
                                que dan paso
a los vacíos que se entregan a orgiásticas bandadas
                    de aves que no quieren redimirse,
gruñen como gruñen los rabiosos perros
que amenazan destruir a dentelladas lo que queda de la
        noche
después que los amantes se llevaron la otra parte
                        cuando se iban hacia el alba
y acabaron por ser reflejo de la sombra,
                            noche de alboradas,
amaneceres un tanto fastidiados
                        de tener que amanecer a diario
con el único objetivo de dar algo de luz al mundo
                        que todavía alborea,
aunque se vuelve noche demasiado pronto
y los noctívagos ocupen el lugar que los lobos usurpaban
y flameen sus banderines escarlata
                        para que sepan los que vean
que la noche es propiedad de los dementes
que disfrutan del sosiego que acompaña, casi siempre,
                                a la locura,
la paz espiritual que suele disfrazarse,
pero acepta un cordón umbilical que la una
                    a la disipación bien entendida

como una norma de rígida moral
que detiene cualquier maniobra
adversa al goce pleno de la carne joven,
cuerpo joven como una delicada red de suavísima textura
que se quiebra con sólo parpadear al verla,
sólo olerla,
sólo la más estricta palpación convence
de que lo ideal parece ser lo real que toma forma de
avidez
o permanece aunque huya, casi siempre
y quede como sonrisa congelada por el mar en una tarde
fría
o ventana que se cierra sin nada de pasión en sus
adentros,
fuego completamente inútil como fuego,
pero útil para evitar la entrada del furor que viene desde
lejos
y quiere entrometerse
en asuntos que no son de su incumbencia,
aunque siempre hay furia,
sólo mordiscos en un pedazo de cartón
que se parece poco a morder la fresca carne tierna
o fruta como pechos ávidos de ser festín
en una cacería interminable,
porque cuerpos no terminan nunca de llegar e irse
como musgo patentemente verde que se cuela
por todas las rendijas
y oscurece la seriedad que debe ser característica
de los asuntos amorosos,
lo helado del amor cuando la lluvia lo disloca
y viene el miedo y su cabeza de tortuga vieja,

amoratada,
el miedo y su vislumbre de que la muerte no camina lejos
con su disfraz de faisán empenachado,
torvo cuervo que causa
sus desmanes con cierta tétrica alegría,
cierto gozo en compartir con otros cuervos
los pequeños trozos que, antes, conformaban cuerpos
o formas espaciales que volaban alto,
descendían, a veces, y bebían su vino en grandes copas,
tragos saboreados como si el vino se acabara
y no hubiera otro remedio
que beber el agua que se escurre
entre los muslos de la luna,
agua que llena las fisuras que se abren en la luna
después que llegan los desastres
y acontece que no hay modo de que el agua no se
empape,
los cuerpos no se empapen y rieguen los jardines con
llovizna
de color naranja
y no decrezca mucho el tamaño de los cuerpos
que se pierden en pleno desafuero,
sigan siendo cuerpos idos,
pero conserven su tamaño natural,
su carne en el mejor estado de frescura que les sea
posible,
como bosque en lo inminente de la lluvia
sobre hojarasca amarillenta de contento,
verde por la bilis de ver a tanto cuerpo junto
o cielo que se abre en violentos resplandores
que son como el inicio de violentos resplandores

o anunciación de próximos incendios,
indagación acerca del calor que sale de los cuerpos
                            y su luz que magnifica todo,
lo acreciente todo y hace que las sombras
                            nunca se concreten,
sigan como sombras que parecen lejanía de cuerpos
                    pero toman forma de cualquier evento,
cualquier suceso extraordinario que se torna cuerpo
                y aparece en medio del aplauso general,
los grandes reflectores que iluminan
                    la muy diversa formación de cuerpos
y las variadas formas que adopta cada cuerpo,
                    cada rostro,
                        cada línea,
cada curva que acerca las distancias
al deseo que quiere arder en la otredad del otro cuerpo,
el vaciamiento que se llena de continuo
y siempre tiene más deseo
                    de vaciarse y de llenarse al mismo tiempo,
reencarne continuado como una explicación
del papel que corresponde jugar a los amantes sobre el
        mundo,
rostros que semejan formas
                    o formas que recuerdan vagamente rostros,
                        vagamente cuerpos,
sólo sombras que siguen esparciendo sombras,
no mensajes o cartas que describen un amor
que llegó mucho después
                    de que el tiempo había llegado a término,
conclusión del tiempo dado a los mortales pero sí la
        fiebre,

sí la agitación de las vísceras cuando una mujer
        determinada
                estuvo cerca y la pasión se aniquiló a solas,
los dientes al borde de quedar helados,
las manzanas que esperan ser mordidas por los dientes,
los dientes en la busca de lo que sea mordible,
        carne o hueso,
                        estopa o esos labios,
esa piel que ardía en medio de su propio frío,
                los perros desatados en cólera sangrante,
su rabia que asolaba mundos
y bebía la gasolina que quemaba la nula posibilidad
de que llegara la esperanza y su cencerro de brillantes
        ojos,
                uñas largas,
mandíbulas batientes por su oficio triste
                        de salvar lo no-salvable,
        la pérdida absoluta,
la fe descontrolada como brújula ebria
que no alcanza a discernir nada que no sea la nada misma,
        lo que seguramente no sucederá ya nunca,
la nula seguridad de que lo improbable
                se volviera lo probable,
el quizás que aún mantiene de pie a lo que llaman lo
        mundano,
las maneras del mundo de aferrarse a sus soportes
                y seguir con su tez de sujeto entretenido,
habilidoso pero, en verdad, vejete insoportable,
abuelo cascariento que gruñe
                y que farfulla un lenguaje maldicente,
                        un habla turbia,

una gangosa difusión de bataholas
que se vuelven monótona insistencia
que acaba por quedarse sola en sus pellejos,
habla desnutrida que produce muy pocos beneficios
en dirección a lo futuro que se asusta
y es ya tiempo reconstruido en el pasado
como el lugar más cómodo,
tiempo que regresa a su primer principio
y causa de su muerte,
su detención como causante de que la Historia quede
quieta
como un agonizante que boquea y abre su propia
sepultura
con las uñas y se entierra con todo
y su equipaje de desechos,
los tristísimos despojos que cada quien elige
para que siga la parranda en otras tierras
cuando el viento se detenga y no haga ruido
y toda duración se frene
y guarde hermético silencio acerca de sus fineses,
su idea precisa del fin último que anhela
y que es igual a lo que alguna vez, hace ya tiempo,
fue el punto de partida,
la idea de que los cuerpos y las cosas
marchan siempre rectamente hacia el futuro,
pero en círculo,
en jerigonza circular interminable,
como el geómetra que no acaba de entender
por qué las cosas se le fueron de las manos
si el tiempo sólo estaba como un simple auxiliar
de los usos domésticos

a que el mundo prestaba sus servicios,
mundo que oscila levemente como cuestión
    fundamentada

                                    en la esclerosis,
el detrimento constante de los huesos
                    que son como ceniza que aún camina,
polvo que cojea a lo largo de una carrera con obstáculos
                        y pierde buenamente la victoria,
se queda sin historias que contar a los bisnietos,
                    sin memoria de cuerpos y de cosas
sin fantasmas que mantengan vivas las brasas del
    recuerdo,
                        el don de las palabras amorosas,
lenguaje de lo dado pero que no es muy útil
o no funciona tan exactamente como era de desearse
en casos muy precisos de cuerpos remilgosos
            que se hacen de rogar con demasiado énfasis
en el corteje de virtudes que suele acompañarlo,
sonido que se palpa en los extremos
                        en que el fuego se deshace
pero se queda flotando sobre el aire en permanencia
    eterna,
viveza que quedó de algún pasado oscuro/luminoso
que brilla como esfera
            o canta en referencia a cuerpos bien amados
que asumieron el paso de los muertos y nos dejaron solos
con tristeza que se empeña en ser cristal crucificado,
hueco considerado como hueco poblado por nostalgias,
                    por antifaces envueltos en sus sábanas,
las máscaras feroces prestadas por la muerte
para mayores lucimientos de los que siguen vivos,

siguen sombras escurriendo sombra,

perturbando sombra,
construyendo espejos que se quiebran de inmediato
y nada más reflejan sombra,
el paso de los muertos que alaridan en su camino

hacia la sombra,
lo metalífero que muere pero sigue haciendo mucho
ruido,
causando mucho espanto en la mirada de los ciegos

que hablan por sus ojos muertos
y quisieran entender algo del mundo

pero sólo queda la ilusión del mundo,
la vaga idea de que hubo mundo alguna vez en algún sitio
o que hubo, al menos, la ilusión de que algo estuvo ahí,

en alguna parte, pero lejos del alcance de los ciegos,
lejos, también, de los que no están ciegos

pero no ven mucho,
ven lo nada que a duras penas puede verse,
no tocarse por manos que no hayan sido consagradas
para el rito,
no morderse por quienes no contengan su culpa

guardada adentro de los pozos
que son el desván de los objetos extraviados,
tiliches resguardados contra el moho que acostumbra
devorar

todo recuerdo que no tenga su parte de alegría,

su contraparte de tristeza,
una porción del abandono que estraga

los hondones del espacio
y contribuye a fomentar la sinrazón
en los orates que confunden lo que es un trozo

que los cuerpos dejaron olvidado, con el cuerpo mismo,
cuerpos casi agua que nadie puede detener en su caída,
cuerpos en lo espeso que alcanza un grosor desmesurado
como cuerpos que no se han ido todavía o que regresan,
                                        satisfechos,
        pero ávidos,
                        pero deseosos de emprender el vuelo,
                                alegres,
como pájaros que no encuentran su nido pero cantan
                porque no lo encuentran y parten al exilio,
hacen otro en tierras bien lejanas, pero vuelven
como el amanecer en que los cuerpos toman forma,
                                        crecen,
organizan funciones para niños tristes en un circo
                que se viene abajo por tanta compostura,
tanto remiendo que le han hecho a un león entelerido
                que ya no puede sostenerse por su sola fuerza,
tanta luna que es llevada por el viento
        por tantos elefantes mustios que bailan valses tristes,
tanto malabarista que resbala sobre el piso
y se quiebra la quijada
                        y se convierte en sepulcro de sí mismo,
habitador de otras regiones donde los muertos invocan
                        dulcemente a los profetas
y les piden garantías para gozar su nueva vida,
su muerte lujurienta que los lleva a morder los huesos
                        de los cuerpos que asisten
a los circos que son inmensas construcciones
                        donde los cuerpos lanzan luz
y las trompetas suenan todo el tiempo
                        en medio de horrísonos fragores

y las viejas damiselas usan faldas largas
y los antiguos caballeros, sombreros de alta copa
                              donde beben vino a lentos sorbos,
calmada muerte que escucha el fúrico tronar de los
          tambores
                                        que redoblan, majestuosos,
en aviso de que están como al acecho de la presa,
la tímida gacela que se hunde en lo solar y se sonroja,
                                                  pero arde,
y los pequeños niños tristes se olvidan de lo triste
                    y parlotean pidiendo a las gacelas que no huyan,
que se establezcan en el delirio de la noche
                        como los parques que se toman de la mano
y buscan que el amor los convierta en chamusquina,
                    habitación adolorida,
          lámpara sin pantalla en que mostrarse oculta,
                              besos, leves
rozamientos casi inofensivos en las regiones
              donde el mito funda los moldes de los cuerpos,
la bienhechura de los cuerpos que operan sobre el mundo
                    y son razón de ser del mundo y sus anexos,
                              insumos de la magia,
                                        pero sombras siguen,
              lo machacan todo,
lo demuelen todo hasta dejarlo hecho vidrio polvoriento,
                    ceniza agazapada,
conjuro para que el polvo siga siendo polvo
          y desmenuce polvo hasta cubrir las tierras habitables,
las cárnicas delicias que acostumbran caminar
                        como si nunca llegaran los desastres,
jamás los cataclismos redujeran a añicos lo deseado,

condujeran lo frío de los espacios nebulares
hasta los nuevos edificios armados lentamente,
desarmados velozmente con una rapidez inconcebible
en cuerpos que parecen disponer de paciencia también
inconcebible
en los dementes que procuran que todo se haga a grandes
trancos,
velocidad desmesurada que alcanzan los orates
para llegar bien tarde a todo sitio o a ningún lugar
concreto,
sólo corren,
se persiguen a sí mismos o persiguen las vacías sombras
que siempre los persiguen,
hacha en mano,
guillotina a bordo de los barcos que transportan cuerpos
a otras islas
y les cortan la cabeza como un globo
mientras juegan tiro al blanco,
no al morado,
que es el color que prefieren los difuntos
porque los hace ver un poco más alegres,
menos lóbregos que es el cariz que toman los cadáveres
cuando aprenden que el retorno es imposible,
sólo el viaje de ida en las carruajes que caminan lento,
para que puedan despedirse, con calma,
de lo que ya quedó irremediablemente ido
como cuerpos que se van y no regresan nunca,
todo olvidan,
no resguardan en bote de cerveza
ni la más mínima porción de una memoria
que establezca cierta perennidad de algún recuerdo

que prosiga en esa duermevela donde quedan los
    recuerdos
                           en estado de sopor profundo,
relato del insomne que deambula como idiota
        entre la fe perdida y el deseo por reencontrarla,
ser creyente en la bondad del mundo,
amar de nuevo a cuerpos aunque huyan al fin de los
    espejos
y no se vea ni el mísero reflejo que reflejan los reflejos
cuando también deciden irse y reflejan nada más
que los vacíos que hay, en realidad, adentro de los
    mismos,
que simulan que recogen los cuerpos que pasan por
    enfrente,
                 pero es falso,
hay una profunda crisis de todo lo existente
que impide que un reflejo tome forma
                o adquiera proporción corpórea,
ser activo o no-ser en estado de completa placidez
        que no sugiere ninguna acción indecorosa
o acto que pudiera tener alcances escabrosos,
tentaciones varias ante cuerpos que funcionan
                como imanes que atraen
no sólo las miradas sino manos ávidas,
lenguas tan sedientas que se beben la poca agua
            que aún queda sobre el mundo,
polvo sobre polvo y llueve polvo sobre mundo
    espolvoreado
                con chatarra vieja,
        desdentada,
con la visión copada por negros nubarrones que despiden

los vinagres que se van en busca de un futuro más
    holgado,
            agua enfantasmada como potro indócil
o fósforo que quema
    y arrulla quemazón por todas partes donde pasa
como cuerpo rebelde a los mensajes que dan la
    bienvenida
          a nuevos cuerpos que parece que se acercan
             pero no, no llegan,
se mantienen a distancia prudencial de todo riesgo de caer
en los abismos que aguardan, con la boca abierta,
   que un cuerpo se deslice a su interior y no pueda salir
y quede atrapado para siempre
          en brazos del amante silencioso
que se encarga de cuidar que los vacíos dadores de
    sentido
        a la existencia del vacío como ser concreto,
están perfectamente bien vacíos,
sin nada en su interior que impida
          que se integren figuras portentosas
que convoquen a formar
      un mundo imaginario menos triste que éste,
con más cuerpos que demuestren su belleza
       sin ninguna pena por andar desnudos
en medio de los parques,
       a la luz de las estrellas,
los seres cometarios que pasean por el gusto de pasearse
          sin objeto alguno,
cuerpos vagabundos,
    en la errancia de encontrar al círculo perfecto,
    inmaculado,

                                                    sin fisuras,
círculo que se conforme con ser círculo
                                    y no pretenda parecerse
a sueño del sonámbulo que sueña estar dormido y soñar,
sin cortapisa alguna, que un cuerpo de mujer lo espera
                                    al despertar de sus desvelos,
sus fatigas de nocturno habitador de esferas somnolientas
que regresan después de un largo viaje
                                    a lo maduro de la noche,
cuerpo bien maduro como forma-madre de las otras
            formas
                        que son como criaturas de una forma excelsa,
                                    primigenia,
origen del origen o parto en que la luz brotó
                        con una cabellera deslumbrante,
cauda de objetos siderales que se acercan al fogón
en busca de un poco de calor que corporice los sonidos
y dé cierta validez al paroxismo del lunático que piensa
            que los cuerpos lo esperan a la vuelta de la esquina,
            ansiosos,

                        amorosos,
casi paroxísticos por encontrar asilo en los destierros
            que la luna ofrece como una salvaguardia a los orates
que no quieren regresar a la cordura,
casi certeza de que los cuerpos toman formas laminadas,
                        se despiden con modos de aluminio
o trepidantes estructuras
                        que quisieran llegar a lo más alto del espacio,
belleza demencial como de imagen cercana
a la idea que se tiene del Paraíso Terrenal,
            en donde sólo cuerpos bellos fijan residencia,

quedan casi a salvo del aullido de los lobos
           que destrozan carne con furiosas dentelladas,
claman carne con toda la violencia de los lobos
              que disponen de sus artes negras,
las viejas artimañas que el demonio pone
  para auxilio espiritual de los cuerpos siempre desvalidos
como niebla perseguida por fragmentos férreos
              o frases alusivas a lo frágil de los cuerpos,
lo pequeño que pueden ser los cuerpos cuando aman
              y se olvidan del penar del mundo,
las almas dadivosas que ruegan por su alma
           y caen en un infierno muy poco dadivoso,
más crueldad que sobrecoge a los espíritus medrosos
  que señor benevolente que cuida de sus hijos con cariño,
              mucho afecto,
mucha proporción guardada en lo que atañe a los
       desmanes
que puedan cometerse en nombre del pasmo de los
       muertos
que se acercan a las puertas que se abren a la noche
                 pero no las cruzan,
           nadie las transgrede,
nadie avanza lenta o desconfiadamente
              hacia las fosas que cada puerta tiene
como parte impropia de su afán por no dejar que nadie
       las penetre,
              entre afuera o entre adentro,
nadie pasa sin un examen riguroso
que no comprende un estudio detenido del estado
     que guardan los pulmones tóxicos a causa del cigarro,
              los tosidos broncos,

las humaredas que amenazan estallar como volcán a
        punto
                        de dejar de serlo,
                no extinguirse,
pero sí disminuir la cantidad de lava
que los cuerpos mandan cuando el frío parece
        conducirlos
                        a un glaciar sedente
y los cuerpos precisan de los hornos
                para darse el último retoque,
al que siempre sigue otro,
                nunca acaban de acabar su arreglo,
ponerse las molduras en vez de conservar las que salieron
                        del molde original
y estaban bastante bien armadas,
no hechas y rehechas en un perpetuo movimiento
        que se jacta de escapar a las cóleras del tiempo,
ser belleza que puede sabotear al tiempo
        y no se abruma por el peso que sube desde el suelo,
                simple viaje,
simple peso de lo ido que pesa como cuerpo sólido,
culpa amontonada en lo que queda de conciencia rota,
        desgarrada enteramente alrededor de los espejos,
vuelta y vuelta alrededor de lo funesto que le da la vuelta
                        a los espejos,
lo esferoide que mantiene a los espejos dando vueltas
                en torno de sí mismos,
los entierra con una quemazón que daña cuerpo ausente,
                vidrio ahumado,
carne que se atisba como carne
                y se asusta de lo bello de su carne

y se convierte en miel que se derrite,
y ahoga la poca lucidez que los suicidas tienen
a la hora de elegir el poste que habrá de recubrirlos
                              con cierta gloria póstuma,
anhelos que el post-mortem satisface al muerto,
                              aunque muy pacatamente,
muy a goterones desmedidamente secos
que no brindan al difunto ningún consuelo etílico
                    o ganas de volver a repetir tan lúcido acto
que hace que el demente expectore con la fuerza brutal
          que utilizan los trombones para hacer que el ruido
enloquezca a las fragantes mariposas
   y las vuelva un poco más calladas de lo que eran antes,
más amables en sus tratos con extraños
que las ven con mucha indiferencia y hacen poco caso
              de lo que hagan o propongan que se haga,
con la vana ilusión de que los cuerpos se aburran
                    de sus largos viajes y retornen al hogar,
como señora con vestido fluorescente
                         que imagina que el trombón
se usa como arma de degüello
                    en el caso de amantes despechados,
tristes caballeros de cabeza trunca
                    que resoplan cada vez que el viento
deja ver los muslos de una ninfa adolescente
                    y caen en postración indeclinable,
rezan, dando gracias al Señor por los portentos
que permite contemplar sin pago extra por adeudos
              o fáciles abonos en lo que hubiere de venir

si Dios nos da licencia de extasiarse ante sus buenas

obras,
milagros bien palpables que no dan lugar a dudas
de que los cuerpos tienen una consistencia densa
y bien moldeable,
bien explícita,
bien considerablemente llena de atractivos que desarman
a cualquier sujeto más o menos probo
y lo convierten en una deshechura de sentidos
que se mezclan con aceite deslavado
y lo deja en la miseria material que arropa sus cobijas
y se va dejando tras de sí una tristeza
que no llega al pleno desarrollo de sus tristes facultades,
sus innatas dotes naturales para exultar un llanto que
moviera
a compasión al más pétreo objeto impersonal
que anduviera por el mundo y saludase, con afán
simiesco,
la entrada de los cuerpos al reino de los cielos
y se ofrecen, toda diligencia a entregar sus dones
personales al amante
que quisiera jamás perder el sueño de soñar con ellos
por una eternidad y un poco más
si tal milagro lograra realizarse,
cruenta inflamación que hace resoplar muy fuerte
lo enfriado del demente que se embriaga
y testerea para botar todo lo que esté a su lado y aúlla,
y estallan de pavor las fábricas de pólvora,
los fuegos de artificio,
las barricas repletas de aguardiente,
las últimas patadas con que el ahogado
desciende a lo profundo y se hunde

como horrísona forma de amor o de ternura
                              que protege a los desastres,
pero besa muslos,
                    acicala brevemente a los amantes,
los torna menos lentos a la hora de besarse,
los impele a gritar que la sangre se les cuece por adentro
y arden venas o gargantas expresan
                              sus confusos pensamientos,
lenta circulación de las ideas vistas como mirada
                    que va del cuerpo de la amada
a la amplitud del mundo cubierto
                    por el cuerpo desnudo de la amada,
sueño insatisfecho pero cuerpo ideado,
detención en el tiempo en que se quema el destino de la
        esfera,
el tiempo detenido por la ilusión de las esferas
en ser ya idas y quedar como un resguardo de lo esférico,
simple movimiento o memoria que regresa siempre
        idéntica,
siempre su mismo cargamento de recuerdos
                              que siempre la atosigan,
el mismo culperío que se va pero regresa siempre,
                calca de sí mismo,
conciencia malherida por una sombra que no parece
        sombra
sino recado del suicida
que dispone que su alma se queme en la freidora del
        infierno,
                              aceleradamente,
como proceso de expiación que no demore mucho,
no lo irredimible que se acerca a las aristas de los postes

en plan de salvamento espurio,
mito infame o infamada visión de los espectros
que se van en dirección a las moradas
donde los huesos se desclavan solos,
andan solos como cuerpo en velación perpetua,
libre de ataduras,
masa aérea de fragmentos que celebran lo vano del amor,
la rotura de los cuerpos cubiertos por el hielo,
que no aman pero sufren agudamente el frío
de las estatuas iluminadas por la luna
o formas congeladas que despiden vaho por los ojos,
sopor por las miradas idas detrás de la fugaz idea
de que lo cierto se esconde por ahí
o se concreta en figura de fantasma entelerido
o semáforo que pareciera que, de vez en cuando,
marca el alto y todo avanza pero, después,
marca el siga y todo se detiene,
mudo asombro ante la poca seriedad con que acontece
todo,
se determina todo como una mala educación abstracta,
un mal modo de ser pero sin ser de algún modo
en que convengan
las partes contratantes que sea útil disponer de un ser
que no-es del todo prescindible pero, tampoco,
una botella de mezcal necesarísima
para alcanzar la sobrevida en otro mundo,
el que sea, con tal de que no pidan
muchos requisitos para entrar o salir,
como sucede en las cantinas respetables,
que uno es el dueño de su entrada y su salida,
su bájese o su súbase cuando le venga en gana

y nadie quiere averiguar qué cuerpo busca

o qué disgustos le causa

el no poder fumar cuando el dolor exige absorber la

nicotina

que permite revivir los cuerpos idos,

la verdad no existe y las estatuas se acostumbran a ser

como personas aburridas,

cojitrancas,

pero vestidas al último grito de la moda,

parpadean y suman cero,

desparpajan y restan menos cero,

multiplican hoyos o dividen agujeros con cierto afán

inútil,

cierta seguridad de que los agujeros

regresan a llenarse siempre,

todo es tibio como un pastel de boda

o una fiesta amodorrada de quince años,

cursi como pequeño mastodonte

que baila seriamente sobre una cuerda floja

pero rebota y cae

en medio del discurso que festeja los fastos de la patria,

graciosa reverencia y el joven paquidermo muere

y es festejado como un héroe tibio,

casto,

como desesperanza que se aburre

y vuelve un rato a la esperanza

pero bosteza y se regresa al caos,

la angustia primordial,

la mordedumbre adentro pero ya tranquila,

ya en paz consigo misma

y su manera de enfrentar y no enfrentar, al mismo tiempo,

la grave seriedad con que aparecen los cuerpos y las cosas,
                              dan la vuelta,
sonríen de modo disipado y bronco,
                         se pierden calle abajo donde cuerpos
no acostumbran ir sino a modo de no-ser cuerpos
sino forma tan pura que no puede percibirse,
   no llamas en la noche sino sombra que se juzga extraña,
                              habla sola,
como demencia que se fue por otra calle
              y no encontró su cuerpo que se fue por otra calle
y no encontró a su sombra que no encontró ninguna calle
                  por donde irse y se volvió sombra invisible,
cuerpo que toma de la nada su substancia
y se disuelve en ella del mismo modo que la nada se
              disuelve en ella,
lo sólido que justifica la existencia de la nada
como tristeza envuelta en humo de tabaco
                              a punto de quebrarse
porque no aguanta el peso enorme de las cosas y los
              cuerpos
                              que le caen encima,
la destroza como la gravidez de lo nocturno
                         que cuelga de los focos,
lo ingrávido que flota como un fantasma tenso que arde,
              lejos,
lo lejos que se acerca y trae un ruido funeral consigo
                    que arrasa con los vivos y los muertos,
con las maneras de cerrar la puerta
                    y la costumbre de olvidar a los amigos
porque el ahogado necesita todo el aire que le sea posible,
                    más que la luz que nunca llega,

más que la oscuridad que siempre impera,
más que la nada que lo absorbe todo y que el ahogado
            busca desesperadamente más que nada,
tibia ausencia que se vuelve fría caparazón
para el que salva casi todos los obstáculos
    pero no llega a donde el plomo se derrite suavemente,
formas sólidas como un montón de hielo
    que se oprime y derrite su calor en grandes cantidades,
        como furia,
                como desolación llegada desoladamente,
                    a grandes trancos,
a grandes pisotadas que remueven cuerpos
que quedaron, por azar, abandonados en un tinaco seco
        pero el miedo se quedó incrustado en las paredes,
los cuartos, que después de que las casas se terminan,
        y no hay nada y sólo vive un cruel silencio arisco,
sombra que persigue en vano a otra sombra
                que persigue en vano a no se sabe quién
y está punto de encontrarlo
                cuando las escaleras se derrumban
y todo cae como un montón de cacerolas cubiertas
                por un moho de sabor verduzco
que no permite conocer su verdadero nombre,
su principio y las causas reales que forzaron
        su decisión de ser abandonadas a su mala suerte
sin consultar, desde antes, al astrólogo que envía, sin
    avisar,
los últimos papeles que dan cuenta
                    de que escribir carece de sentido,
                    hablar carece de sentido,
amar es una pérdida de tiempo y el tiempo se desquita

cuando quieren jugarle

con las mismas armas que usa para tasajear a cuerpos,

deshacerlos y no dejar sin un recuerdo macilento de ellos,

flama desasida o lámpara que lanza maldiciones

porque los astros no le indican nada halagüeño

en un futuro próximo pero, tampoco,

en el que está muy lejos,

remoto porvenir en el que nadie estará a salvo

de ser considero un buen difunto,

un ilustre animal despellejado que tirita

porque nada puede concederle un minuto de reposo

y tiene que correr para escapar del viento gélido

que asusta a formas que cayeron en desuso

pero aún espantan al iluso colector

de formaciones abundantes en hollín

o estructuras que quedaron tan soldadas por sus huecos

que no había resquicio por el cual huir

de sus bestiales condiciones

y evadir la llegada de los muertos que empezaron a salir

por cuanta puerta funcionaba todavía

o daba la impresión de que era puerta pero no lo era

y todos se crispaban al chocar su cráneo

con los filos del puñal que aventajaba, en mucho,

el rigor con que el paraguas del señor atrabiliario

que acosaba cuerpos,

y quería desvertebrar a las poquísimas libélulas

que se atrevieron a cruzar la calle

después de que el trombón sonó y sonó

desesperadamente

pero no hubo quien lo oyera,

decidieron irse sin pedir permiso,

violenta dentellada sobre cuerpo tibio
para un amor que sólo perfiló agujas en la niebla
pero cerró el acceso a los andenes donde parten
los viejos transportes ferroviarios
que llevaron y trajeron cuerpos
y ahora van vacíos,
solos,
como viajeros de un espacio ahumado
en el que nada puede verse
que se alumbran con velas apagadas,
cirios que se burlan del efecto que los rayos cósmicos
producen en el alma de los pobres muertos
que acostumbran
diluir el aguardiente en agua que padece de dolor de
muelas,
dientes complicados por su aversión a la frescumbre
que llega de la carne de mujer
en tiempos en que el tiempo
ni siquiera ha oteado su presencia,
piel eriza como un suave camaleón que apenas comienza
sus andanzas
y ya le arde el sacrificio que hay que hacer para que el rito
se consuma lentamente,
no con la avidez con que el destruido ingeridor de
alcoholes
se bebe su ríspido menjurje
sino el rapaz silencio que sonora
como una anunciación negrísima
de lo incoherente del amor cuando habla a solas,
como clavo que cae sobre madera dura
o barcos que se sitúan

desubicadamente lejos de toda geografía,
toda extensión terráquea
que pudiera darse como posible de construir
y que albergase a cuerpos en el caso,
realmente inconcebible,
que les diese por volver y ocuparan un espacio tan
inmenso
que el planeta no tuviera tanto sitio libre
y tuvieran que partir, de nuevo,
a buscar alojamiento en otra parte del anciano cosmos,
enorme cercanía para naves que no se alejan mucho
de los muelles,
que navegan, más bien, en tierra firme
por donde están los cuerpos cerca
y la memoria del ahogado también pendula cerca
pero vuelta memoria de las aguas que lo ahogaron
y no memoria suya,
líquido nocturno que se adoctrina en profesión de fe
sobre su propia muerte,
su suicidio incauto que sonríe como si fuera a un día de
fiesta
y no ascender al reino de los cielos hasta el Día del Juicio
en que levantarán las actas de los muchos
pecados cometidos y saldrá al exilio
como un errante eterno,
un demencial expulso que no tendrá cabida en parte
alguna
y vagará seguido por la sombra de los otros que cercaron
su viaje como energúmenos rivales
que acabaron por quitarle
la escasa parte de su ser dotada de razón sociable,

las animadas relaciones públicas con cosas y personas
o máscaras y gimoteantes especies del corral doméstico,
si no el grueso del metal que salva,

                          aunque con toda imperfección,
los cuerpos que acabaron malheridos,

                         escaso avenimiento en formas
que difieren en todo menos ser formas exageradamente
        formalistas
en todos los detalles que atañen a la vida diaria
con rigor extremo en asuntos que conciernen

                            a las honras fúnebres,
                  los noviazgos,
los sepelios a que acuden multitudes de fanáticos
que siguen las ideas prístinas que brotaban

                      de la boca del difunto,
los bebés que nacen con una pandereta bajo el brazo

              y pueden dedicarse, cuando sean mayores,
a bailar como los tristes osos grises bailan,
con un gesto que da pena a las señoras

                    con gesto de vinagre acedo,
telarañas en medio de la cara que les cubren el terror

        que sienten por la muerte del gracioso payasito
que seguía a las náyades con oscuros propósitos cargados
        de lujuria
y cayó en las aguas calmas de la unión matrimonial
con una sílfide bastante apaciguada y torpe

        en cosas del amor y ventajas subsiguientes,
        caída de los huesos,

                      bilis negra,
tétrica serpiente que enloquece y muere por un amor
        desesperado

que la deja hecha un fiambre atónito,
una musculatura desgarrada
que la partió en innúmeros pedazos
y la hizo padecer una agonía bastante virulenta,
catequesis para los cuerpos
que no llegan del todo a naufragar
pero se acercan mucho al sitio del naufragio,
lo rondan misteriosamente,
lo escudriñan con ojos de murciélago
en busca de restos conocidos,
osamentas lúbricas limpiadas con las aguas purísimas
de la mar océano,
fondos submarinos que despiden una luz espiritual
que calma las jaquecas
con que el alma purga sus diversos devaneos,
menudencia de pecados que concitan un dejo de piedad
por parte de los buzos
que acostumbran usar las escafandras
como una especie de paraguas
que desvía los rayos coléricos que bajan del reino celestial
como señal de que el Bien ha emprendido
la lucha contra el Mal
y todos los malosos deben adquirir un seguro
que proteja la inocencia de los cuerpos
que volvieron a ponerse de color
entre verdes y color de no-me-olvides
que yo me encargo de olvidarte para siempre,
cuerpos rubicundos,
misteriosos como cal diluida que se corta la garganta
y mana, en vez de sangre, cal diluida que hierve del coraje
y bufa y se coloca de nuevo la garganta

y lanza clavos por la boca y sangra sangre carbonada,
trozos de pellejo,
culpas que se arrepienten de haber sido culpables y, luego,
se arrepienten de haberse arrepentido
y salen a la busca de más culpas
y piden diligentemente excusas,
mil perdones por haber atropellado los principios
cuando el tiempo del final estaba demasiado lejos,
perdido en sus costumbres de vagar por rumbos
casi inexplorados,
lejos de toda mansedumbre o detallada explicación
del por qué las luces de los faros permanecen encendidas
cuando nadie requiere sus servicios
y se apagan cuando un barco empieza a hundirse
y el cuerpo de bomberos de ultratumba
se aparece sólo a la hora en que los náufragos
juntaron sus cadáveres y se hundieron
bajo protesta de portarse como todo buen ahogado debe
hacerlo,
perdonación de todos los pecados
en forma de palabras tiernas pero urgentes
como de bote salvavidas que ejerce su derecho de exigir
que los ahogados se ahoguen pronto y sin ninguna
excusa,
ninguna tregua para que el líquido
los vuelva oscuros animales simbólicos
que buscan bajo el agua cuerpos tan profundos
que no haya tierra capaz de contenerlos
y bajaron al fondo de las aguas
para encontrar terrenos donde el náufrago
estuviera en su elemento y pudiera, quizás,

brindar algún auxilio
a los soberbios cuerpos que huyeron de lo sólido
para encontrar cobijo entre los vientos marinos
                                    siempre tempestuosos,
                    siempre broncos,
modales para cuerpos que naufragan o cursos de
        exploración
                        en lo marino en que el ahogado sobrevive
y busca almas gemelares incorpóreas
que lo salven del tránsito que va de la región mortuoria
a la infinita soledad donde la muerte no se atreva a entrar
y deja a sus pacientes en un estado tal que los espíritus
        alados
desesperan de aliviar el alma atormentada por tanta culpa
                    como traen encima y el agua los arrastre,
el mar se les convierta en su morada fría,
frío perpetuo que cale hasta los huesos al suicida
            que no encuentra reposo en la violencia de las aguas,
violencia de los cuerpos que lo acosan con sus uñas
        afiladas
que se cuelgan de los péndulos que van y vienen
                                sin llegar a ningún lado,
                    estánse quietos,
como la escasa dosis de razón
                que aún le queda al caballero que saluda al poste
y se ata el nudo
en el pescuezo gallináceo que proclama su inocencia
                                a grandes gritos
y arrienda un trozo de esperanza a plazo breve
                                con la única ilusión
de que un cuerpo se acerque y diga adiós

en un tono levemente untuoso,
levemente triste
o voz que se sacude el polvo del camino
y clama por una paz eterna,
un poste que no siga fungiendo como poste de luz
en una terminal repleta de tranvías difuntos
y ve cuerpos que suben al tranvía y se marchan
sin ninguna ceremonia,
sin despedirse de los postes y los focos
que ofrecen cierta luz a los transeúntes que pasan
y saludan brevemente a los cuerpos que se ausentan,
parten lejos,
dejan culpa dividida entre el perdón y el regreso a lo
culpable,
culpa que aumenta de volumen de manera rápida,
explosiva,
un tanto inconsecuente en su objetivo, pero firme,
consciente del desgarre que ocasiona en la conciencia,
las tropelías que causa en su distante urbanidad,
su poca cortesía hacia los cuerpos
y otros habitadores del espejo que se alejan de tales
compañías,
gemelos irredentos que se atacan uno al otro,
se destazan,
nunca concilian intereses o guardan un silencio
respetuoso
en atención a los extraños que llegan de visita,
seres neutros o vislumbres de que, afuera,
hay otra realidad incómoda
que alebresta a los sombríos personajes
que pululan en el poema interminable que se llama *Cuerpos*

y que no es sino otro mundo cercado por sub-mundos
que se pueblan y despueblan no tanto porque el poeta
        quiera
(en el caso de que hubiera un solo poeta
y no varias versiones disímiles de distintos seudopoetas),
sino porque el azar reparte malamente sus barajas
                                y el perdedor
repite, casi siempre, su porción de deudas
                        que no podrá saldar más nunca
y los fantasmas crecen en proporción acelerada,
                enfantasman todo,
todo lo cubren de grisura o hace que el plomo se derrita
del modo despiadado con que los muertos destrozan a
sus muertos,
        los vivos a los vivos, pero más pesadamente,
hogueras que relumbran entre muslos ávidos
como un lucero inapetente pero ansioso de volverse zarza
        ardiente,
metal que suda y que jadea como locomotora
                        al borde de la muerte en vida,
vivacidad de los cuerpos que se mueven al borde del
        espacio,
la amplitud que corresponde a cuerpos móviles,
        ágiles,
                graciosos,
                        como enhebrados por el viento,
tejidos por un aire tan sutil que ni se siente ni se palpa,
        se desliza y llega más allá de donde acaba lo esferoide,
el vacío en que se encuentran insertas las esferas
                que giran como cuerpos giran como esferas
o gigantes girasoles giradores

que giran raudamente,
velozmente hasta perderse en el desvelo matutino
de los círculos que pesan como una espesa muerte
o un sofocamiento casi general de incendios convencidos
de que el fuego no sirve para mucho,
se apaga desde mucho antes que las llamas se propaguen
y se cree un incendio general
que termine por mandar al diablo al frío,
se caliente a cuerpos en debida forma,
exquisitas llamas que no dejen que el sosiego caiga
y los duerma cuando es preciso
que ardan sin cesar durante largas horas de vigilia
y no de sueño
e impidan que los huesos se congelen,
den calor a las yemas de los dedos ateridos
que sólo mascan hielo,
mordisqueen penumbra negra
como alma que se deshace en gruesas lágrimas,
en gruesos ventarrones que sacuden el polvo
que se junta en las ventanas,
los dormitorios del fantasma donde los miedos se
acumulan
y gritan porque el miedo primordial no viene a visitarlos,
no traduce las llamaradas del infierno,
ya vistas pero no entendidas,
didáctica para perplejos,
manual para aprender a sujetar escalofríos
que pasan por el cuerpo
y lo dejan granizo machacado en estado de tranquilidad
perpetua,
goce místico como desesperada forma de expresar

una pasión que estalla,
imagen que se burla de otra imagen
ante la absurda posición que, en general,
adoptan las imágenes cuando se trata de opinar
acerca de lo real que puede el reflejo de una imagen
o que tan caprichosa pueda ser la distorsión
que sufra cuando el vidrio se entromete
y tiene la posibilidad de crear
imágenes falsas pero que logran hacerse pasar muy
fácilmente
como imágenes que, de verdad, son parte casi etérea
de algo que tiende hacia lo sólido pero jamás lo logran,
ser un cuerpo
o la materia que da forma a los cuerpos
pero apenas en proceso, ella misma,
de formarse como inicio de materia
o cuerpo en vías de desarrollo,
ser acto y no potencia que, meramente, avisa que ya llega,
pero es sólo abrupta manifestación de los deseos ocultos,
reprimidos,
porque el objeto del deseo no llega todavía
o dio la media vuelta apenas tocó el timbre
y dejó como recuerdo un olor a cosa rancia
de golondrina que cambió razón social a cuervo
anunciativo de próximos desastres,
cuerpo imaginado en los límites precisos del deseo
incumplido,
culpa mordida por una sombra oscura que perturba
el agua de la fuente donde brotan todos los deseos,
los destrozos que causan los deseos
cuando quedan como fiesta interrumpida por un brutal

asesinato,
un homicidio en el que el muerto
se convierte en artefacto de importancia suma
para los hechos ulteriores que debieran de ocurrir
si es que la lógica
aún juega papel preponderante en las cuestiones del amor
cuando éste enseña los colmillos y los búfalos regresan
a sus verdes prados que se tiñen de un púrpura violento,
una agriedad encenizada en que se quedan las palabras sin
aliento
y no puedan expresar ni tan siquiera la palabra nada,
que no requiere de ningún aliento
porque nada pesa o sirve como obstáculo
para que un cuerpo llegue
y tome posesión del todo y, si gusta, también la nada
puede ser sujeto completamente suyo,
amor es radical desasimiento de las cosas,
los cuchillos que se clavan en el viento
y se disocian de los cuerpos,
los amaga con densas ventoleras parecidas al autor del
crimen
de su amada que huye, satisfecho, por el elevador
y asciende al reino celestial con su sonrisa beata,
su risita sosa de vivo medio muerto
que dejó ir su avión y se volvió campana muda,
soplido de trombón que dona su parte de salud
a las agencias funerarias
y se dispensa de pedir disculpas a quienes no ofendió
pero se piensa que pudo ser causal de la orfandad
que domina a los espejos
y los hace rechazar la entrada de los cuerpos

a las formas más complejas del amor
                    que gusta de expresarse en lenguaje sibilino,
habla de las brujas malhadadas que desahogan sus rabietas
con escobas que proclaman su derecho a meter pleito
en toda causa que se crea ganada para que acabe en
                    pérdida absoluta,
destazamiento del amante en aras de una injusta
                    distribución
de los escasos cuerpos que aún ambulan por la vasta
                    tierra,
un ángel destronado que perdió su reino
                              a manos de una tribu errante
llegada en un navío de plomo que cruzó el desierto
                              y no fundó ciudades,
sí campamentos que cayeron bajo el sonido duro de la
                    luna,
                              la caminata de los osos al exilio
después de haber perdido el bosque de las sombras largas,
                    el bosque devastado a dentelladas,
las últimas maneras bruscas de la noche
                    que no encuentra maneras más amables
de volverse noche compactada pero con límites difusos,
                              más bien ilimitados,
como un placer abstracto o goce que no puede definirse,
una ideación de lo nocturno que intenta constituirse
                              de modo permanente
como noche contemplada sólo por sí misma,
ajena por completo a su ser imaginario
                    que imagina una continua sucesión de noches
que cancelen para siempre la ilusión
de que el día pudiera regresar con sus menguadas letanías

a proclamar el triunfo de la luz sobre las sombras calmas,
                    previo el sueño,
previo el amor del amante hacia la amada
                              y de la amada hacia el amante
previa la encantación de los amantes por el sueño,
luz calmada y círculos que se destruyen mutuamente
formas estallantes como cuerpos que escapan de sus
círculos
                              y llegan a regiones níveas,
fijeza del fijado en la quietud sosegadora del alambre
que se queda inmóvil sobre un tiempo detenido
sobre un cuerpo que cayó en el éxtasis
                              de comprenderse cuerpo,
fruto subsumido por su propia esencia,
ser asido/desasido por los tenues hilos
                              que no aguantan ningún peso,
ninguna ligereza por parte de las nubes que levitan
                              sin casi darse cuenta
sobre cuerpos que destacan por lo dúctil
                    de sus formas suavemente curvas,
                              tersamente suaves,
crisis del devoto formalista que requiere que alguien
                    le transmita sus saludos a la ausencia,
pendiente de anunciar que parte hacia muy lejos
                    porque, cerca, los recuerdos la lastiman mucho,
dañan al demente que se encela
cuando suenan las campanas y los cuerpos salen a bailar
                    con el tambor haciendo ruido,
                              trepidante todo,
trepidatorios los panteones, conmovidos
                              por tanta sombra muerta

que se gesta y saca a trepidar sus esqueletos que blasonan
de una juventud excelsa,
una pasión irrefrenable por hallar los cuerpos
que se encuentran tan lejanos y atraerlos cuidadosamente,
soldarlos nuevamente
y que los cuerpos rimbombantes desfilen
por las vías marítimas
que se abren sin tomar en cuenta los peligros
que todo viaje encierra,
cualquier encrucijada aguarda a que lleguen
las gacelas y las hace presa fácil del instinto predatorio
que domina a los bípedos implumes,
siempre desbocados,
con los belfos henchidos de lujuria
por morder la carne blanda,
espíritu blancuzco que bendice
las candentes formas arbitrarias que se abren a la vista
del iluso triscador de cuerpos,
que palpita en dirección contraria al golpe de los remos
que llevan a las barcas a puertos tan lejanos
que no caben adentro
de los mapas que sólo se refieren a tierras
que inventaron hace mucho
y no a islas apenas bosquejadas en la mente del marino
y que exigen un examen previo
antes de arriesgarse en la terrible incertidumbre
que se ofrece en toda tierra nueva,
como el graznido de los cuervos
después de que soportan el peso de unos rostros tensos
o modo de sufrir la curvatura de la tierra que les cae
encima,

los deglute,
como navegación de pájaros al medio del espacio,
de barcos que carecen de formas de hundimiento
y no les queda más que navegar hasta que mueran de
            cansancio,
cuerpos deshabitados que se hunden
                            en un agua de sabor metálico,
                                        dura,
            como final de tierra firme y comienzo de vacío,
de soledad que se consume sola y que comprende
que esa compresión la somete a los designios de un
            círculo
                                    que no puede romperse
como el suicida es incapaz de separarse de la soga
que se ató al cuello y lo hace meditar en lo profundo
                del abismo que la muerte trae consigo,
péndulo que va de muerte a vida y se regresa a muerte,
                moribundia eterna
exorcización contra fantasmas que arrastran del cabello
                a las visitas esperadas tanto tiempo,
cuerpo de Roxana, cuerpo de Sofía, cuerpo de Elba,
islas alejadas por las malas condiciones
        con que el tiempo hizo gala de su carácter irritable,
la cerrazón de lo celeste que se vuelve negro
                    y desajusta los elementos de la tarde,
las potencias del alba que, amorosas,
se constriñen a un estado crítico de amante
                        que vigila que el sueño
se convierta en muerte contemplada desde adentro,
desde el otro que solamente apaga la linterna y se despide,
cuestión de señor solo que masca su tiniebla y pierde

aliento,

                     monologa certezas de lo ido,
                         lo yacente,
como alma que se cae y lo estropicia todo
                 o infierno que se vuelve lugar triste,
tiempo escapado de sí mismo,
                     como muerte,
como fugacidad irreparable o luz distantemente ida,
               bien lejana,
bien de las anémonas o las guitarras que se sueñan sueño
y se despiertan con un sonido amargo muy adentro,
             muy lejos de los coches,
de las circunferencias que se expanden, ebrias,
                  enamoradas de modo vertical,
       insano,
con una cierta propulsión que las conduce al choque
               con el buque que corta las amarras
y naufraga después de atravesar la calle
como una sombra impenetrable
                 que desconoce los semáforos,
las vías de acceso hacia los cuerpos idos,
las dimensiones reales de los cuerpos antes que el tiempo
                 los haga perdedizos,
       los vuelva polvo y nada,
                 ceniza y más que nada,
manejo de los cuerpos vistos como una calavera
que llega mucho antes de su hora
             y se dedica a sacar la ropa del armario,
los papeles de un cajón secreto,
desalojar a la memoria de los rígidos esquemas
               que la tienen maniatada

y no la dejan olvidar lo que quisiera dejar en el olvido,
tieso esqueletario que anda y anda con carne
              todavía pegada a las junturas que se quiebran,
carne tibia sin pasión quemante,
                                  fuego adentro,
frigidez extrema que va de muslo a muslo,
              pecho a pecho
                          nalga a nalga,
pubis congelado como estatua
                      que invernó durante largos siglos,
largas temporadas frías que congelaron corazón y
       vísceras,
cuerpos heladera o angustiado refrigerio
que no tiene a quien alimentar sin convertirlo en hielo,
                                        toro muge,
disuena de lo armónico de modo reverente pero causa
       miedo,
fricciona las balatas rudamente y arma un desconcierto
                 que suena como a lata tañida por agua de lejía,
escurre clarasol que limpia pisos pero borra huellas,
                        quema rostros,
mortifica dientes que no acostumbran carne
                      que no esté recientemente hervida,
garantizada su frescura y calidad de origen,
rostro, como la idea cabal de la hermosura
de lo que es terrestre y, por lo tanto a la vez excelso y
       vano,
                    lo ilusorio,
lo que será sin que las lámparas se caigan
                      o las cortinas se deslumbren
por tanta luz que llega de los cuerpos,

por tanta oscuridad como se queda colgando en las
         paredes
                husmeando por los huecos llenos de humo,
los lentos ácidos que fluyen desde el mundo
                      y lo hacen fierro viejo,
hechura de panteón derruido con muchos artefactos
                         dentro/fuera,
inútil maquinaria parapléjica que excava en vivos/muertos
como circuitos estropeados por un cable fundido,
una distancia enorme para llegar a lo lunático,
                despellejar los cuerpos enlunados,
el ardor con que se alumbra la luz de las estrellas,
el fin de lo vacío y la crueldad infinita de lo lleno
                       que luego se vacía
como temblor que arremete contra cuerpos
                y cae sobre manzanas corroídas,
sobre esferas que se deshacen bruscamente
          y buscan una espiral donde poder dormirse,
                tanto sueño,
tanta gigante aplanadora que acostumbra triturar al sueño,
            lo amodorra,
lo convierte en parque público
              donde se besan los amantes tiernamente
y llovizna, también un tanto tiernamente
como un sofoco de agua dulce
          que se hunde en un espejo y se contempla bella,
profunda admiración de lo que es un bien terreno,
forma aérea en vuelo prodigioso que apalabra al aire,
                lo dota de sentido,
lo somete en condición de amante que arde
como arde el viento que se inflama en condiciones tristes,

en caminatas largas al desamparo de la tarde,
hotel en pleno deterioro abandonado por sus huéspedes,
pobreza de la ánimas también en pleno deterioro,
arribazón de las tormentas que sacan los almarios de su
        sitio
                            y los desechan, lejos,
la luz acostumbrada a iluminar lo claro,
no lo oscuro que solicita la clemencia de manera urgente,
auxilio espiritual para soldar tanto candado suelto,
tanto hueco que quedó en lugar de cuerpos o campanas
        que, ahora, trazan círculos que encierran nombres
que son símbolos que se transfieren a imágenes de
        cuerpos
                            terriblemente idos,
mundo que se queda estático o signo
                    del desvelo final que llega
para ya no irse y acabar como muerte inesperada
                y veladura de la imagen de María,
ocultación de sombras fatigadas por tanto estar ocultas,
                lo impreciso,
como telegrafista que reparte falsos rumores sobre el
        estado
                        de salud de cuerpos y de cosas
e impulsa las catástrofes
que organizan cuerpos que corren en dirección
        equivocada,
no encuentran las señales que dejó la luna para servir de
        guía
al demente en busca de razón que sirva de algo,
le permita entender lo sucedido
                    antes que acabe loco de verdad

y no encuentre la paz que necesita con esta sinrazón
        tan poco razonable que acaba no se sabe dónde,
        dogmática más bien
y tonta como pesada maquinaria que no resuelve nada,
embrolla todo pero gana sus medallas
    como atleta del tercer mundo premiado por su inepcia,
su vocación irreprimible de ir directo a la hecatombe,
demostración de que demencia impera sobre el mundo,
        carrera hacia la muerte,
                la de uno,
la que uno trae guardada adentro y que es parte de su
    origen,
      uno mismo,
            envuelto en su disfraz de estando vivo,
fragmento de la vida que se elige,
        como el suicida elige su poste preferido
y cuelga cuando se fuma
        su cigarro y bebe el postrimero mezcal
que habrá de acompañarlo en su viaje
        por tranvías ya muertos que se alejan
como pequeños pájaros que vuelan como final
de las junturas del demente que no tiene donde atarse
          y se cae a grandes trozos,
desesperadas ocasiones en que la fe desaparece
          y queda sólo el testimonio
de que hubo un hoyo que aprendió a gritar,
pero acabó por acudir a los trombones
            para que armaran su ruidero
y alguien se hiciera cargo de los bultos que se habían
    caído
del carguero que se encarga de llevar recuerdos

de un extremo del espacio reducido
donde se escriben las memorias a otro,
                        bastante más extenso,
que es donde se olvidan
y hay que salir en busca de las grietas dejadas
                             por los cuerpos
y encontrar que las grietas recuerdan muchas cosas,
inmensos memoriajes que resoplan fuertemente
                             un intenso frío
que remueve a la calva desmemoria
        y la hace retraer el tiempo al tiempo de hace mucho
y escarbar en la frialdad bastante más que bajo cero
                      que congela mundos
por los que no camina nadie o llama a sus difuntos,
nadie habla o extrae o dispone los cerillos
            para ver si alguien enciende alguna chimenea
o enchufa los mecheros para que ardan los fogones
              porque cuerpos ya no encienden velas,
no se iluminan ni a sí mismos
o lumbran y deslumbran con la belleza de su propio
        cuerpo
                     pero tampoco tañen flautas
o permiten que divulguen las campanas su tristeza,
nadie canta pero tampoco llora o manifiesta regocijo
             ante la bronca tos que sale del fantasma
que excava llamando a los recuerdos
             y que jadea como un ferrocarril con asma
y lívidas calderas que estertoran los últimos adioses
              con cierta dosis de nostalgia,
cierta aclimatación al abandono
           como jardín considerablemente abotagado,

mustiedad perfecta sin esperanza de un milagro que lo
      salve,
cuerpo sentenciado a muerte por su propia mano,
sus demonios que se espantan de su suerte
      y huyen vueltos pavor que se refleja en los espejos
y arden como una gran congeladora para cuerpos
              que cuelgan de la noche,
la humedad nocturna y llena de lascivia,
          como cuervos con las alas negras
que ya no pueden levantar el vuelo
pero les rugen los graznidos aunque vanamente,
como manera de expresar su descontento
      ante la estampa del suicida que se queda fija,
clavada en el destiempo que sucede a la ruptura radical
     con todo el vendaval que trae consigo el tiempo
y su herencia de recuerdos que el ahorcado abandonó
mientras colgaba del columpio celestial
     en que los péndulos también se quedan quietos,
         no pendulan,
pero exhiben carteles en que obsequian honras fúnebres,
       jardines del recuerdo,
velorios memorables para quien guarda viejas fotos
       y luego se arrepiente y las desgarra
con toda la crueldad de que es capaz alguien que ama
       desde el oscuro fondo de su alma,
pero triste,
enfurecidamente triste como un pozo que sabe
       que nunca verá la luz de frente
pero guarda dibujos en que el sol es una tierna mancha
       color verde
en la que hay cuerpos que sí están

pero como si los hubieran troceteado,
descoyuntado,
como si siguieran siendo cuerpos pero cuerpos diminutos,
escala reducida de los grandes cuerpos
y las enormes cosas que suelen encontrarse atarantando al
mundo,
distrayéndolo de sus quehaceres inmediatos
y haciéndole perder el curso grave y serio de su órbita,
caer y volverse un total desbarajuste
que desajusta todo lo que carga encima,
remolques,
grandes dragas,
redes del sistema eléctrico,
presas que sólo se sostienen por el agua que guardan
y que impiden
que se vuelva un torrente desmedido que acabe por
ahogar
al total de señoras y señores que caminan
por el vasto mundo,
la dura superficie donde fijan puentes que no alcanzan
a verse desde abajo,
cuerpos pequeñitos que cruzan por el puente
y bajan escaleras
que, a su vez, usan otras escaleras para seguir bajando
hasta encontrarse que no hay nada que valiera la pena
de haber bajado tanto,
preguntar si ya estaban abajo
o todavía tenían que seguir bajando
y no encontrarse sino los restos de un naufragio
que tiraron desde arriba
y desapareció en el desastre de las cosas

que no atinaron a ponerse a tiempo el chaleco salvavidas,
naufragaron como el ahogado que murió entre el ruido
                         que empezó caer de pronto,
tanto metal que pisoteaba sombras,
empujonaba cuerpos como si fueran pinos de boliche,
licuadoras a punto de volverse locas por su propio
         estruendo,
jugo de limón amargo como aderezo para cuerpos ácidos,
                         rencorientos,
penumbrosos por la fuga del violento caballero
que tanto proclamaba su amor por las ausentes formas
                    que no estaban ya, de cualquier modo,
muy dispuestas a escuchar sus múltiples clamidos,
su carácter de eximio vengador de espíritus
                         conformes con la vida cotidiana,
cuerpos como navaja amenazada de caer
sobre un costal de vidrios que acaban de romperse
después de haberse sacudido el polvo
              que los dejó envueltos en una palidez extrema,
un frío tremendo que los quebró con un dolor agudo
y un chirriar de viejos rieles que asustaron
                              a cuerpos indefensos,
gritaron las navajas del coraje por no encontrar
                    ninguna yugular en que pasar el rato,
momento en que los huesos pueden quebrantarse
                         con algún deleite
y convertirlos en licor que estimule los goces de la carne
y quede la sombra de los vidrios que se quiebran solos
y no los vidrios mismos quebrados desde afuera
                         por una mano impropia,
un homicida que termine con el mundo

y su pesado equipaje doctrinario,
sus fárragos hipócritas y su cara de señor abstemio y
viudo
sin estar casado,
no los trombones que desfilan para endulzar con su
sonido
lo triste de la muerte,
lo alegre de la muerte con su gesto de buen actor
de un circo relativamente contento de ser un circo que
tiende
a la tristeza como elemento sustancial del ser circense
que se adopta
como una mascarada que sirve de escondrijo
a los funestos espantajos que recorren los pasillos
pero al modo de los seres que no llegaron a adquirir
conciencia
o decidieron que no era necesario usarla a diario
y adoptaron la inconsciencia como signo
de que estaban vivos,
muy contentos o muy tristes,
con las amígdalas en pleno crecimiento,
las reumas impidiendo el desarrollo natural de los sonidos
que el trombón emite como señal de que se extingue,
también, de modo natural, sin muchas artimañas,
con secos estertores
como labios que procuran cuerpos para depositar un beso
e irse en sus triciclos en busca de la nada,
ser la nada que se contempla como nada,
pero no ve nada y grita del pavor que le causa verse nada,
palparse como forma que perdió su forma,
su cercanía borrosa con un espacio abstracto,

sin término o principio que le otorgue una razón de ser,
cierta porción de masa sólida
    donde fijar los pies como si fuera un territorio propio
y no esa extensión desoladora
donde los barcos arden y se hunden, de modo
        irremediable,

               al fondo, pero lentamente,
como la muerte da de vueltas cerca de uno
        cerrando los espacios lentamente,
      como el suicida que se masca, lento,
se deglute, lento, pero carente de su masa,
       cuerpos flotan en grave flotamiento,
seria disquisición sobre lo conveniente
     de que los muertos no cuenten sus historias,
expriman sus recuerdos vueltos casi mitos,
casi degustación de la esperanza en que los cuerpos
    vuelvan
        cuando los muertos se hayan ido,
casi triunfante marcha anunciadora de que los cuerpos
          siguen siendo carne,
impulso que hace que renazca la demencia y silbe de
    alegría
     en la acritud del mundo
y obsequia figuras de cristal a los transeúntes absortos en
    su miedo
y escribe manifiestos clandestinos a los cuerpos
        que no volvieron nunca,
que lloraron, tal vez,
     pero aumentaron las medidas del abismo,
inútil claridad que no ilumina ni lo claro
     como agua enrarecida que se bebe sola,

se consume sola y apaga lo voraz del fuego del infierno,
la chamusquina casi fría que manda ruidos y silbatos
                    para decir que el fin se acerca,
que el derrumbe comienza a derrumbarse por su propio
        peso,
                    la brújula perdida,
el horizonte trastocado
                con su hormigón considerablemente armado,
furia ciega como caballo encadenado que golpea y golpea
                        sobre alambradas tercas,
demoliciones nuevamente constituidas,
ejércitos que bajan de la noche
                    y se dispersan por lo largo del mundo,
lo escuálido del mundo y su gigante rabia de cordura
        triste,
demencia disfrazada como un espantapájaros silente
                que solamente bufa en las grandes ocasiones,
los diversos modelos de candados en servicio para
        cuerpos
                        que requieren composturas múltiples,
diversas refacciones que no se encuentran fácilmente
                        o son, apenas,
un esbozo de cuerpo restaurado que se hunde
        suavemente,
                    delicadamente,
como ciertos personajes que se enmarcan en la historia
                        de las cosas,
la historia general del mundo entendido como cosa u
        objeto irreverente,
                mundo que se aleja,
se retira como sujeto endeble de la historia acaecida en lo

pasado,

tiempo retraído en un remoto tiempo ya ido,
lo rotundo que gira alrededor de las esferas

y las vuelve como un mareo rotundo,
vértigo que va en dirección a lo insondable,

penetra en la profundidad de lo rocoso,
transgrede por completo las normas de lo duro,

lo no dúctil,
lo terráqueo como una piedra pómez o una lija,
un espanto que sale del jardín y lo sacude todo

como si fuera un regenerador
que vende la palabra de dios a bajo precio

o a cambio de pastillas de cianuro,
virtud purificada por diversos vicios,
eventos milagrosos de un rey mago que pone en
equilibrio
las fuerzas celestiales y luego las convierte

en formas asustadizas de su imagen real,
no la refleja en un espejo que carece de ojos

y no ve lo que pretende reflejarse,
lo sin forma como la cara de un señor oscuro,
una mujer que se oscurece para hacerle compañía

y pierde resplandor en forma rápida,
casi sorpresiva,
como las viudas que despiden a su muerto

y empiezan a contar su nueva edad
según el hueso se vaya convirtiendo en polvo,
en mineral que tiende a convertirse en algo vegetal,
amable,

serio,

respetuoso del dolor ajeno,

casi abstracción consciente de su carácter de despojo,
su pena irrefrenable,
objeto por completo inútil como persona
a la que le arrancaron la cabeza
y ya no piensa de manera justa o piensa sin pensarlo
mucho
y tuerce el sentido recto de las cosas
y equivoca los conceptos básicos,
lo puro y lo cubierto de impurezas,
lo sano y lo enfermizo,
lo que es de afuera y lo que debe estar adentro,
confunde los velorios con bautizos
y deposita una corona fúnebre
sobre el vientre del recién nacido
y lo separa en cuatro para que a cada punto cardinal
le toque un trozo de bebé descuartizado
que habla con el cloqueo de una gallina tuerta
a la que nadie capta su hondo pensamiento,
su densa metafísica que actúa como persona sin cogote
o una bicicleta que perdió los frenos
o botella sin cristal que le dé forma o la convierta en
líquido
que sacie la inmensa sed que aqueja a los sedientos
que fallecen con un profundo desaliento encima,
honda preocupación por el futuro de la especie,
la posible extinción de los sobrevivientes
de las viejas lanchas,
las arcas de la alianza ya en desuso
y rotas desde el principio de los tiempos,
desde el final de la inocencia y la malignidad de los
objetos

y los cuerpos nuevos,
que se estacionan de mal modo,
oblicuamente,
como estación de trenes que se quedó sin un ferrocarril
que diera vueltas y más vueltas
en torno de una esfera sin cansarse mucho,
llevará a los cuerpos de paseo a las fronteras
donde termina el mundo conocido y da comienzo la
función
de lo que no se sabe,
se desconoce si es o si no-es o si es y no-es,
en forma discontinua o todo al mismo tiempo,
en un solo personaje que cambia de carácter a la
velocidad
con que un relámpago entra y sale de una habitación
oscura
y la deja repleta de aluminio
o múltiples gemelos que entran en conflicto
entre ellos mismos,
metal ennoblecido por un color naranja
que le da cierto matiz de muerte
a los escasos vocablos que salen por su boca,
palabrales pocos y pocamente expresadores
de dolor supremo
o angustia que lo obligue a salirse de su quicio y correr
como puerta camino del hospicio
donde encierran a las puertas que no saben comportarse
y se abren y se cierran
sin ningún respeto por los que quedan atrapados
en medio de la noche y de un amanecer
que se hizo un envoltorio de tinieblas

y se negó a clarear como era de esperarse,
titubeó con toda intensidad
                    entre darse por entero a la vida disipada
o conservar cierta porción de castidad y repartirla gota a
        gota
sobre un terreno altamente movedizo
                              en que se encoge el alma,
se estira a lo nocturno parado sobre un suelo
                        con pocas convicciones firmes
que se mueve y tira todo lo que carga encima,
cuerpos de color morado escandaloso que no atinan
a encontrar la entrada a los vacíos que, absurdamente,
    esperan ser llenados por la buena voluntad del mundo
que no desea ver a nadie acongojado
                        o lloriqueando sin razón alguna,
argumento valedero que comprenda cuando menos
tres hipótesis que intenten explicar las causas
de que el amor actúe con tan mala voluntad que,
                                        casi siempre,
los amantes se despiertan con el sueño hecho pedazos,
las soldaduras en estado de extravío absoluto
                            de tuercas y tornillos,
pater nosters aquejados de nostalgia por los buenos tiempos
en que el vino correteaba por las calles montado
                            en un caballo negro
y las niñas jugaban al desnudo
                        con la mirada llena de inocencia
y no la pesadez del agua que baja enmarañada,
grita ronca como angustia también enmarañada en sus
        costillas
y cala cuerpo entero como muerte en vida

absurdamente entera,
nada encuentra y vocifera nada para encontrar los cuerpos
que nadan en la nada,
se ahogan como el demente que patina por las calles
y solamente sabe que no sabe por qué corre por las calles
pero corre como tirabuzón en busca de objetos del deseo
que deban descorcharse
o formas de penetrar sin muchos riesgos
en cuerpos casi siempre impenetrables,
casi herméticos o cerrazón que se desploma
sobre formas bastantemente lejos idas,
no estadía de cuerpos en ninguna parte
ni leve consideración por las agujas que la luna manda
como señal de que el desastre llega sonando a muerte fría,
a carbón vituperado por una lumbre oscura,
a demencia que se engancha del cabello
y trota como pasión descabalgada,
furia seca por tanto y tanto griterío,
tanto desorden que se acerca y no ve nada
y se regresa al orden,
metal que se perfora solo y luego herrumbra,
luego muere y canta sus canciones tristes,
desentona pero metala y metela fuertemente
como metal que se siente apesumbrado
y piensa en cuerpos,
extraña cuerpos como extraña flamas,
quemazón abrupta,
cielo que se vuelve infierno,
paraíso cerrado a los misterios que llegan de los cuerpos,
las aguas milagrosas pero que rara vez funcionan como
tales,

el milagro entendido como la súbita aparición de un
    cuerpo
                               no esperado,
   sí deseado, como expiación de culpa inexorable,
como masticación de los herrajes que pesan sobre el alma,
la condena a ser como un atroz demente
que sólo sabe caminar alrededor de un cuerpo,
                     girar alrededor de un cuerpo
que se sostiene como lámpara votiva
                       que se acostumbra a ser
como un reflejo débil de lo que está perfectamente solo,
infierno sin nadie que amenace convertirlo en paraíso,
morada celestial que abruma con sus múltiples destinos,
cuerpos sanos como un gimnasio a pleno rendimiento,
              casi deportivos,
casi liberación espiritual completa que viaja a los espacios,
se convierte nube en evolución hacia un clamor de
    angustias
que sale del infierno mascullando sobre cuerpos
    acremente,
             tiernamente,
culpa suave como devoración de la inocencia,
penas sentenciales como grave demostración de la
    injusticia
como mujer en pie de guerra para bloquear el paso a la
    lujuria
e impedir que se escape del cuerpo del demente
               pero ya no hay cuerpos ni certezas
porque la muerte no acostumbra festinar secretos,
            dormirse en sus calambres,
atosigar a los difuntos con preguntas vanas sobre su

origen y destino,
su inútil travesía sin los cuerpos que dejó en el viaje,
                                        abandonados,
como islas que, sólo por azar, quedaron dibujadas en el
      mapa,
faros con la luz debilitada por una ausencia inmensa,
inencontrables como barcos que navegan por el fondo del
      océano
o cuerpos del ahogado que se queman bajo el agua,
                              aunque ya no hay cuerpos
sino desmanes de la flama que avanza oscureciendo el
      horizonte,
sombras que alguna vez quisieron ser el núcleo de la
      sombra,
no la causa ni el efecto sino el núcleo mismo,
el tuétano sombrío que no requiere de su sombra
                              para saberse sombra,
origen y no fin o cuerpo que carece de su cuerpo,
forma ruda de ser y de no-ser a lo largo de una línea
                              que no separa nada,
            todo lo confunde,
espacio muerto encerrado en su propia noción de lo
      infinito
como algo que se acaba de repente pero principia
                              alguna vez
y prosigue, indetenible, abriéndose en sí mismo
                              más espacio,
mayor capacidad de irse consumiendo más vacío
            sin nada que se oponga a que concluya en infinito,
cierre un ciclo pero ya no se abra otro,
            infinitice lo finito en su llenar y no suceda nada

en la constante destrucción del tiempo
                    como causal de que los cuerpos huyan,
formen culpa en grandes cantidades,
              saturen las antesalas del infierno con sus quejas,
las medidas precautorias para expulsar a los dementes
                    de todo territorio cercano al Paraíso,
todo sueño que no se exprese en buenos términos
como final de la esperanza para réprobos
que no tengan carta de identidad que garantice
                              que son personas serias,
                    respetables,
e incapaces de asaltar a cuerpos
                         y robarles lo bello de su carne,
no fantasmas que aparecen colgados de una lámpara
                    o tuercas arruinadas por tanto uso,
tanta capacidad de las esferas para cargar
                    la bárbara neurosis de los círculos
que siempre giran en torno de sí mismos,
              sin moverse,
                              poco afables,
indecisos sobre qué actitud tomar con respecto a los
       suicidas,
los cuerpos que caminan sobre el mundo
       lanzando bendiciones para que el mundo sobreviva
y crezca grandemente de manera continua
y progresiva eternamente y los cuerpos manifiesten júbilo,
                         contento de estar vivos,
extremo regocijo por saberse cuerpos abiertos al deseo,
sapientes en asuntos amorosos,
                         comprensivos,
siempre dispuestos a auxiliar al débil pecador

que sufre por la carne
y que padece frío y paga culpas sin descanso,
tormentos indecibles del infierno que acogotan almas,
desaceleran los engranes que mueven la pasión a arder
                    como una estopa bañada en aguardiente
que arde de modo indestructible sobre cuerpos nuevos,
          abismales,
                              de ilimitada superficie,
de construcciones que nunca se terminan,
crujen en un silencio enorme como sonido de follaje
                              golpeado por el viento,
                                        suave viento
pero distancia que no cesa de aumentar distancia,
hacerse cada vez más lejos
            porque cuerpos resultan portadores de la amnesia
o las junturas se les quiebran y no llegan,
                      no transmiten ninguna buena nueva,
ninguna bienvenida o canto para expulsar a los demonios
que salen por la tarde y que celebran
                              sus fiestas demenciales,
sus actos de impertérrita locura
                  como subir por escaleras que descienden,
esperar a que el polvo se convierta en una estatua
                        que saluda amablemente,
que las hogueras ardan siempre
                  y cubran cuerpos en forma desolada,
forma triste como el acunamiento
                  que los muertos hacen con su propia muerte,
arrullo de los muertos para sentirse que están vivos,
                  que todavía ciertos incendios sobreviven
como un bisonte herido que cura los magulles

y prosigue dislocando el pasto,
tornándolo pared por donde suben los fantasmas y
        rechinan
su costumbre de ser sólo una sábana sin nada adentro,
                sin maravilla alguna por mostrar
a un público expectante de que suceda algún prodigio,
un cuerpo que se inflama y arde y se convierte en arco iris
    y vuelve, más después, a convertirse en cuerpo amado,
en almohada con ciertas hendiduras que resoplan pasión
                        con alta fiebre,
            echan humo,
pero manos entran a palpar los artificios
                que se encuentran dentro/fuera,
los prodigios que son como los cuerpos cuando saltan
                desde el aire y fosforecen,
lanzan luces de color violeta,
rayos de aluminio que deslumbran mundos,
            los inventan a partir del ácido sulfúrico,
se los sacan, como magos, de las mangas,
los exhiben a plena luz del sol como construidos
            por un payaso alegre de sonrisa triste,
fábrica de muy estables construcciones duraderas
                mucho tiempo pero frágiles,
muestra adolorida de que los cuerpos
                se consumen vanamente,
hacen ruido también inútilmente,
viven, pero están tan lejos como están los muertos
en sus lejanos dormitorios donde la muerte abunda en
        forma exagerada
porque no hay servicio de alumbrado público
                ni fuentes en los parques

ni costumbre de sentarse a dormitar
sobre el pasto de los parques que carecen de fuentes y de
      árboles,
sólo hay muerte
y sólo ciertas formas rondan a espaldas de la muerte
                    que parecen cuerpos
pero no son exactamente cuerpos sino sombras idas
                 que silban a espaldas de la muerte,
juegan a las canicas en los patios de atrás de las casas
                  donde viven los difuntos
que apuestan al futuro sobre el cráneo de los que todavía
      no llegan
como los cuerpos nuevos que resuenan lejos
      como tambores que resuenan en las noches broncas
en que el alcohol demencia a los suicidas
          que anuncian que la muerte lo domina todo,
lo cancela todo como farola con seco apagamiento de sus
      luces,
sus velas funerarias que dan oscuridad brillosa
      o vidrio que sulfuran con cierta temblorina helada,
luz que se acongoja y cierra las persianas ante cuerpos
         que corren por las anchas calles,
los pequeños parques ubicados
        en un más allá cercano pero bastante lejos,
a gran distancia de los árboles,
                las cantinas,
los pequeños cafés donde se sorbe el humo del tabaco
y la nostalgia toma asiento al lado de uno y repite el
      nombre
             de María muchas veces,
bebe cuerpos como si fueran sombra líquida

o metal que suena como marcha fúnebre,
porque sólo hay muerte,
sólo la muerte amaciza los tornillos
y los deja como cables en tensión extrema,
cables saturados por la prisa de no querer llegar
a ningún sitio sino estarse quietos,
una quietud que en sí misma se consume,
sin prisa por acabar de consumirse prontamente,
se incinera para volver a la ceniza,
punto de partida pero no de arribo
porque no hay arribo ni término del viaje,
sólo una flotación lentísima que se desplaza
con cierta rapidez a lo vacío,
la pérdida de la memoria que se instala como un silencio
largo,
un ruidoso silencioso que socava cuerpos,
administra féretros,
catequiza imágenes de cuerpos que llegaron tarde
como si fueran cuerpos reales,
cuerpos inflamables,
calor puro como un curso acelerado de geotermia,
calentamiento rápido gracias al auxilio de las fuentes
térmicas,
geyseres de carácter impoluto y sed ferviente,
crisantemos con cierta certidumbre
de no-ser sino una sensación de soledad inmensa
que pesa como un enorme bulto repleto de difuntos con
la cara triste,
la faz amoratada por el sueño,
cuerpos lejos como si fueran cuerpos muertos
como señal del desamor que se maneja solo,

cruje,
desmembra la unidad del mundo
                    y lo convierte en un pedacerío insoportable,
culpa que no encuentra cómo manifestar su desconsuelo,
        su idea de que tañen las campanas pero no perdonan,
no soportan las doloridas armazones del pecador
                            que sucumbió a la carne
como el suicida que sucumbe ante la larga procesión
                        de postes que le aguardan,
los mensajes que le llegan de ultratumba
donde nadie hace caso a sus últimos deseos
                                y nada predomina,
sólo victoria de la sombra sobre cuerpos vivos,
                    cuerpos satisfechos como luz vacía,
hueco iluminado como pasión que se volvió
                    un frigorífico espantoso de habitarse,
una fábrica de agua congelada que sólo vocifera
y se encuentra con que el agua se le escurre de las manos,
sólo escucha que no la llama nada/nadie,
                        no suenan los sonidos,
no carburan las imágenes vistas como el reflejo dejado
                        por los cuerpos en su huida,
sólo el acre olor que se quedó después
                        de tanta brusca forma de irse,
el ruin olor a demasiado cuerpo encajonado en la
        memoria,
más bien fantasmas que arden
                        y se bañan en medio de la noche
para limpiar sus asperezas,
            los signos de lo impuro,
                        lo manchado,

el descalabro de los cuerpos que se parten
                                y se vuelven birlos sueltos,
clavos sin ninguna vocación de sujetar lo que queda
de los cuerpos caídos en la esquina y que obstruyen el
        paso
a los seres celestiales que vienen al rescate del demente
                        que se ahoga en sus propios vericuetos,
los resquicios de una mente atormentada por larguísimos
        instantes
de silencio cósmico que abruman a los ángeles impíos
y las piadosas vírgenes que elevan a los cuerpos a los
        cielos,
los acicalan y los tiñen de un encantador rubor intenso
                        enfantasmado
que los hace sonreír con un dejo de amargura,
un no se sabe qué de triste en la mirada que se pierde,
                        melancólica,
detrás de los antiguos medios de transporte
                                que alguna vez usaron,
tranvías que aceleraron su entrada a la neblina,
camiones zarandeados por el tiempo que llegaron al
        borde
de un barranco y se quedaron llenos de fantasmas fieles,
custodios de las noches turbias en que llegaba el desamor
                                batiendo las ventanas,
descerrojando las puertas que se abrían, antaño,
        hospitalarias,
fidelidad a los fantasmas y su país de sombras,
a su remoto origen como cuerpos
                        que acabaron en líneas inasibles,
carne descarnada o delgadísima porción de muslos

que lograron salvarse en un lugar
al que no hay modo de llegar estando vivo,
el *él* de *él* no, pese a que lo quiera,
                        pero tal vez sí, el otro, el innombrable,
el que se escurre por la noche como noción del agua
            descarriada,
el del alcohol trasegado a enormes borbotones
como culpa que se enfrenta con un remordimiento ajeno,
no el de uno sino, tal vez, el culperío del otro,
de los otros gemelos laberínticos que escurren,
                        por igual, sus tétricos temores,
sus hablas desfasadas de toda realidad
                y asidas a un alambre que sólo monologa solo,
sin su sombra, que se fue al destierro, sin su lengua,
que quedó trozada en múltiples cachitos de lenguaje
            inteligible
o palabras que perdieron vértebra y quedó algo muy seco,
            muy correoso,
                        muy amargo,
muy ternural que no podía salir porque las trampas
                        que el trampero puso
se cerraron sobre él mismo y la culpa mostró su gesto
            agrio
y la piedad se fue de vacaciones por una temporada larga,
                        quedó lo inaguantable,
los susurros que llegan de lo ido y que no cesan
de incrementar la fatiga del metal que siente que la fuerza
            se le acaba
y tuerce la visión hacia lo ácido como lugar de origen de
            la duda,
ácida nacencia en un mundo que no se corresponde

---

con la noche porque deseo y realidad nunca coinciden,
son como gemelos siempre en pleito,
siempre en acechanza el uno al otro,
pero clientes de la misma muerte,
de la misma vida,
los mismos estropicios que se causan mutuamente,
legalmente,
porque no son la misma cosa sino otra cosidad distinta
en cada caso y en cada circunstancia
como un tropel alborotado
de dementes que asumen una sola forma,
pero bien distintos,
mundos del orate multiforme que se extrae
y se reabsorbe y se parte y se reparte
sin tomar en cuenta género o persona,
círculo o esfera,
extensión a lo nocturno o basilisco
que reparte carbones encendidos
como acción de gracias por los bellos cuerpos
que fueron bienvenidos,
malamente idos,
nunca despedidos pero vueltos ausencia
que no quiso aceptar ningún seguro
que repare los daños y perjuicios causados por la lluvia
o la marea alta cuando llega con su cauda de naufragios,
navegación hasta el fondo de las islas o más allá del fondo
de las islas,
donde no hay islas pero tampoco sobreviven cuerpos,
memoria de la carne como fiesta amarga,
un viejo saltimbanqui que endereza el mundo
pero, luego, se le olvida sujetarlo y se le viene abajo,

pared despostillada,
madera en estado de ebriedad
que se apolilla con un licor amable
como un benedictino trasnochado
o una monja a punto de perder la castidad
por exceso de confianza en las virtudes de que está
dotada y silba
como una especie de ternera celestial
que no conmueve a nadie,
ni al demente que araña los cristales de la luna
que se volvió de pronto de color rojizo
o un cegato que cautamente palpa cuerpos
que no están en ningún lado,
ya no hay cuerpos,
ya solamente se barajan cartas rotas,
azares destinados al fracaso,
lobos viejos con manchas en los ojos
que no los dejan ver los restos del incendio,
todo quema pero lo hace en frío, de modo monocorde,
fatigante,
lento, como un soplo que levanta caracoles de la tierra
y los lanza hasta un lugar remoto,
un remolino que se traga todo y deja sólo los resquicios,
las viejas hendiduras donde el viento repta,
no hay jardín que se abra hacia la noche
y todo sabe a muerte rancia,
a imagen descompuesta
que quedó sin parecido alguno con la imagen previa
que estaba en el espejo
a la espera de que sonaran las campanas
y lograse escapar de tanta otra imagen que quería ingresar

en el espacio reducido que tiene cada espejo
para ocultar las cicatrices que han dejado
los cuerpos malheridos que pasaron por su adentro
                dejando, cada cual, una flameante veladora,
un trueno que rebota en un silencio denso y enmudece,
                calla para siempre,
cancela su sonar y se convierte en lívida perplejidad
                    de ya no ser más ruido,
ser silencio o solamente dura luz que cruje contra el cielo,
                se le incrusta,
se le sumerge en sus adentros como un relámpago
                      que cae herido
y quiebra luz y muere en un perdido paraíso ajeno
como acabando de llegar a un estado de sopor profundo,
un baño de vapor que cubre de desvelo a las estatuas,
                las deposita bruscamente tiesas en la tierra rota,
las considera como estatuas irremediablemente rotas,
tontamente rotas porque no logran sustituir del todo
                a cuerpos que están desenfrenadamente rotos,
en un estado casi comatoso o francamente muertos
pero retumban los cristales con un sonido agudo
                como fabricación de candeleros mustios
que se niegan a alumbrar en las cantinas tenebrosas
donde abundan los retazos de fantasmas
                que quedaron atrapados en el fondo
de las viejas garrafas de mezcal que alcanzaron a librarse
de la última pasión que sacudió las tiernas almas de los
      niños
                que estaban en estado de desahucio,
pero no murieron totalmente,
se atontaron mucho pero movieron sus bracitos

como quien pide excusas por sus grandes crímenes,
sus graves extravíos o las dolosas pesadillas
que acompañan al culpable en cada paso atrás
     y adelanta una barbaridad de situaciones de alto riesgo,
que lo ponen en un desequilibrio no del todo convincente
                              o, más bien,
un equilibrio entre fuerzas tan contrarias
que difícilmente puede sostenerse algo más
                              que un mero instante,
un parpadeo sin mácula de unos ojos negros que, a duras
     penas,
podían mirar al horizonte sin que éste se horadara en mil
     pedazos,
mil circunstancias que tuvieron que afrontarse para
     concluir
que nada de lo hecho serviría
para que alguno de los cuerpos o uno solo tan siquiera,
regresara y encendiera, de nuevo,
                    chimeneas que hace mucho se apagaron
y sólo encienden humo ruin que se distancia de los
     muertos,
                         se aleja de sus viejos propietarios
y las va dejando cada vez más solos y más muertos,
fríos helados como buenos muertos que hablan
                              como en un susurro lento
o una silbatina de rumores que comentan
                              lo frívolo que ocurre
cuando se acaba de escribir el testamento
y el tiempo nos dispensa el favor de ya no hacernos
     mucho caso,
ningún caso a los versículos del poeta que aletean

sin ninguna orientación precisa
o habla clara que permita inteligir lo que pretende decir
                                        con sus vocablos,
balbuceos inentendibles sin precisión en las palabras,
                        sin sintaxis bien determinada,
más bien murmuración que no encuentra cabida
                        en lo amoroso o habla que no habla,
y sí fabula sobre el misterio del ahogado,
las escrituras en que el náufrago intentó narrar su historia,
            bronca suerte,
bronca imagen encristalada en los espejos,
                        quemada en los espejos,
ya no hay cuerpos pero culpa muerde las últimas certezas,
            los cuerpos idos como al final de la batalla,
cuerpo amargo o grito que se vuelca
hacia su propia conciencia desgarrada y arma
        escandalera hacia los cuerpos como un farol sombrío,
una linterna que no encuentra su luz
                        y se perfila como sombra adusta
que se crea y recrea en movimiento circular constante,
        se hace y se deshace como esfera llegada de la nada,
ronca esfera que se basta a sí misma en su ronquera
        amarga,
su estrépito mayúsculo que no se puede detener de parte
        alguna,
nadie lo soporta y piden que el silencio se integre como
        ruido
y desbarate a tanto retumbo de cañón que sale de la
        esfera,
ronca esfericidad de las cuestiones amorosas
que siempre se detienen bruscamente,

estallan bruscamente
					como demencia que no encontró cobijo
y se mordió las uñas,
llamada de atención para los subsiguientes muertos,
los hijos de un delirio que prosigue después
					que acabaron los incendios
y no hubo ni la más mínima señal de que el fuego
					se mostrara interesado en crear más fuego,
más hornazas cálidas en que cupieran los cuerpos
					que tiritan por el frío que se despliega
en las afueras del espacio sideral
					donde no cabe ninguna especie viva,
todas mueren de orfandad por el vacío que se extiende,
					inexplicablemente,
hasta no saber en dónde está situado su fin y su principio
o el justo medio que siempre se equivoca en sus juicios de
	valor
y acaba amedrentando a los que acuden a aliviar sus penas
					en la justeza de los puntos medios,
las distancias que equidistan por igual de arriba abajo
y de lo ancho a su largura que es igualmente inexplicable
y sustentan la teoría de que todo es casi igual a sus ojeras
					pero no es la misma cosa,
suenan parecido pero suenan diferente porque cada cual
escoge sus corbatas para ir a los velorios
y no hay ninguna sinrazón que los haga elegir el mismo
	poste,
ascensión para el suicida
					que se acerca peligrosamente al cielo
y se convierte en angélico mitómano que crea su
	desventura

y baja sin medir las consecuencias de tan largo salto
con fractura múltiple del conjunto vertebral
                    que se deshace de modo atrabancado,
                              sin estilo alguno,
sin calidad para explotar la conveniencia que el suicidio
        tiene
                              para salirse por la puerta lateral
y descender por las esclusas que llevan al infierno,
las lanchas de motor que no siempre se acomiden
de buen grado a trasladar intrusos de este mundo al otro,
no invitados especiales que disfrutan de prebendas en el
        viaje
transoceánico que va de lo terráqueo
                              a la región en donde abundan
los sucesos misteriosos como ruidos
                    que carecen de causa originaria
pero causan efectos terroríficos en los pobres sujetos
                    que tienen la desgracia de escucharlos
o sentir que unas manos invisibles les quitan sin aviso
la sábana mortuoria y los exhiben en una desnudez
        penosa,
una vergüenza que señores serios y damas pudibundas
                    se muestren en tal estado de anorexia ósea
que provoca una cólera mayúscula
en los devotos seguidores de la carne fresca
                    como único alimento realmente nutritivo,
                              sanación ardiente
que cura los magulles que adoloran, en muchas ocasiones,
los vacíos existenciales que se abren paso,
                              como formas ríspidas,
a través de los almajes que se sienten cruentamente

expulsos
de una confortable situación de alivio,
                              un bienestar incomparable
cuando unas manos de mujer se asientan
                         sobre la calva superficie de las cosas
y los cosas toman la apariencia de ser asuntos nobles,
                         casi cariñosos,
casi voluntariosa esfera que protege contra toda desazón
o sensación de que una angustia grave se aproxima a
        grandes pasos
al amante que se hunde en la turbada idea
de que el amor no siempre acaba con todo lo que toca,
                                   salva, a veces,
otorga grandes dones y ofrece grandes beneficios
                                          que permiten
obtener la redención sin muchos sacrificios,
ninguna penitencia por los varios actos reprobables
cometidos a lo largo de una vida no precisamente santa
                  o dedicada a la virtud como único objetivo,
más bien, formas de morder hoscadamente cuerpos que
        se fueron,
                         cuerpos en lo ido,
memoria presurosa para frenar la ida de lo ido,
la muerte de la muerte
                    y lograr la vida eterna para cuerpos idos,
muerte archienemiga de los cuerpos que gozan de la dicha
        eterna
como una mala sombra que nada más maldice
                         a su apagada sombra y canta en vano,
corre inútilmente para impedir que la memoria huya
                    y sea el olvido el que domine el juego,

amnesia que se instala presurosa
                         y borra toda señal de identidad
o huella dejada por los cuerpos de sus formas bellas,
formas deliciosas como un magnífico espectáculo
                         de magias portentosas
o hechizos que llegaron desde muy lejanos aires,
                     magnas lluvias,
diluvios torrenciales que incrementan la sed
      que los ahogados padecen por culpa de los cuerpos,
alumbramientos de la luz que estalla de morado a verde,
de azul a rojiza quemazón que repercute
                              en que se atice el fuego
en todos los ámbitos mundanos
      y se dé un incendio universal que no deje cuerpo frío,
todos ardan con la furia que provoca el fuego
                         cuando roza carne destinada
al goce inmemorial de los sentidos,
                     pureza de la carne tibia
de las púberes iconoclastas que saltan sobre toda norma,
brincan todo reglamento con joviales argumentos
      y desmandan toda propuesta que llegue de lo serio,
lo adusto y circunspecto en que lo real malgasta
                              su valioso tiempo
y hace que los cuerpos le huyan como al diablo
                         a los placeres de la mala vida,
la dirección, no del todo equivocada, que asumen,
                              como propia,
los hombres de protervos pensamientos
                     que no pueden ver pasar mujer apetitosa
sin que los dientes se salgan del espejo y muerdan,
aunque sea lo vago de la sombra de ese cuerpo que cruzó

                la calle,
pernoctó en los parques de fuentes cantarinas,
                        pasó a través de los espejos
y escapó antes que los que apresan las imágenes
                    pudieran detenerla y se volvió a la calle,
cuerpo entero en plena libertad aérea,
pero no el olvido el que disponga las jugadas que cancelen
            el recuerdo y lo deje como niebla machucada,
cuerpo magullado en donde acaba la memoria
                    y se establece la estructura hueca,
el edificio sin cimientos como casa
            que pende de una golondrina en agitado vuelo,
una mujer con las manos repletas de nostalgia
        o un carbón purísimo que brilla bajo el suelo,
resuma luz de un modo subterráneo,
casi oscuro o no visible a ojos
                    que no saben mirar a la tiniebla,
como quien marcha a ciegas a la muerte
precedido por tambores que cercan tercamente a la
        mañana,
ciegan espléndidas maneras de llorar en forma
        contundente,
articulada como llanto que se toma en serio y llora a
        océanos
que se llenan de gruesos lagrimones que desbordan
toda posibilidad de ser guardadas en pequeñas cajas
que puedan ser tratadas con cariño y expuestas
    a toda conmiseración que venga de la amada en turno,
la idólatra barbarie que salta de los cuerpos sanos
                    y ejerce una terrible influencia
en el sujeto que perece de pasión insana,

desvelos espantosos en que el ladrido de los perros
     fúricos
impide dominar el miedo
                    que efectúa sus turbias transacciones
sin ningún respeto por el alma que tirita ahogada
por grandísimas congojas que la vuelven una dama cursi,
                        una loca empecinada
que las libélulas enciendan sus linternas sólo cuando
     llueve
y las apagan cuando el tiempo amenaza componerse
de sus males y prosigue devorando lavadoras viejas,
tractores que recién salieron del vientre de su madre
                  y padecen de anorexia,
novísimas estatuas que se encelan
          cuando alguien no les pasa la mano por la grupa
y brincan cuando el espejo desdeña su quietud eterna
          y no las usa como ejemplo de virtud infame,
castidad absurda o desdicha del metal
              que no puede saborearse a grandes tragos,
casi todo quema o hace que los postes se posternen
                con grandes reverencias,
al paso del suicida que contesta amablemente
             las ofertas que cada poste ofrece
a manera de encontrar
          la salvación perpetua sin buscarla mucho
e, incluso, sin fatiga alguna,
muerte del viejo equilibrista que equivoca el salto
         y queda como un muñeco oscilatorio
que no encontró la forma
de salirse de los nudos con los que él mismo se estrujó la
     vida,

cuerpos que mandaron chispas pero no llegaron nunca,
                    sólo echaron chispas y se fueron,
sólo quemaron pero no hicieron labor de salvamento,
                no resanaron los bordes afilados del demente,
las púas de los erizos que cuidan al demente
                        y lo libran de caer en tentación pecaminosa,
malignidad de los espíritus que inflaman,
                        los vapores que se escapan de la noche,
los gritos aterrantes que permiten que el vitriolo
                    se cocine a una temperatura exagerada
y se agoten pronto sus afanes
de no dejar en pie ninguna ceremonia o vista de un
        crepúsculo
que se tornó en huidiza figura de mujer en fuga a los
        espejos
que intentaban explicarse de algún modo
                    las absurdas pretensiones de los cuerpos
en prohibir la intromisión de personas ajenas a este
        poema,
dejarlas como entes que despiden vaho
                        pero carentes de médula espinal
y consiguientes atributos de los seres que se llaman vivos,
no fantasmas integrados a una idea del espacio
                            y los distintos artefactos
que están situados dentro o fuera de lo impreciso de sus
        límites,
las zonas apenas borroneadas donde melifluas señoritas
y silbantes caballeros resguardan las distancias permitidas
para una relación cordial entre el sujeto y los variados
        objetos
que lo escoltan en su viajar terrestre

y lo que flota alrededor del muerto,
pero visto como algo
que no tiene ya ninguna posibilidad de revertirse
y ser, de nuevo, cosa viva,
sino estarse por una eternidad como un recuerdo vago
que no recuerda nada
o una remembranza disuelta por el tiempo
como palabra que se esfuma y nadie capta su sentido,
franca furia o quemazón de las sombrías personas que
aparecen
como cuchillos rencorosos jirimiqueando
en las ventanas tontamente,
destructurando heridas que nunca se cerraron,
viejos manuscritos,
pasión embalsamada que forjó sus propias herradumbres
para no venirse abajo,
cerraduras que no abren puerta alguna
que no lleve a la muerte y su vacío tremendo,
a los bajones del infierno como lugar profundamente
inhóspito
y lleno de pesares turbios
y mal acostumbrado a fatigar las ánimas en pena con
trabajos duros,
casi atroces castigos por creer que era posible entrar
a los espejos y hallar los cuerpos idos,
salmo penitencial que no termina nunca,
nunca se interrumpe,
cansada procesión eterna con velas que chamuscan dedos,
manos,
lengua,
ojos,

tacto de los muertos que no disculpa nada por tactar

　　　　　　　　　　y tacta todo pero encuentra nada,
nadeidad completa en todo aquello a que dirigen la
　　　　mirada
y sólo ven el vuelo negro de los cuervos

　　　　　　　　　　　que aletean entre la densa negrura
que llega de un blancor que se extinguió hace ya tiempo,
sólo hay niebla o arrebatos de sombría persona

　　　　　　　　　　　　　que no alcanza a percibir
que todo tiene condición de cosa rota
o desvencije general de cuerpos añorados y nada
　　　　sobrevive entero,
sólo cuerpos que penetran fierros que desastran carne,
todo es lejos, pero no horizonte,

　　　　　　　　　　　sólo lejos,

　　　　　　　　　　　　　　masa oscura,
tendencia de la luz a la extinción para que no haya visión
de la mortífera escalera que no sube pero, igual, no baja

　　　　　　　　　y deja a los peatones en el mismo sitio,
igual escalereado para el ascenso y el descenso
de los escasos pasajeros que dijeron adiós al último
　　　　tranvía

　　　　　　　　　　　　　y lo vieron partir
hacia empolvados almacenes donde yacen las botellas
　　　　viejas,

　　　　　　　　　ya vacías de todo contenido etílico
pero llenas aún de una esperanza leve

　　　　　　　　　en que puedan regresar los tiempos viejos
y el alcohol otorgue, nuevamente, sus favores
a los cofrades que esperan que una providencia más
　　　　afable

que la que hoy presta servicio,
los conduzca a un amanecer
en que los cuerpos hagan acto de presencia,
boguen hacia mar profunda
y brinden sus saludos más cordiales al náufrago
que espera que un bote salvavidas lo traslade
a islas más sedimentadas
que aquella que se hundió de pronto
y sin señales que advirtieran
al usuario que el mundo se acaba sin pedir excusas
y la luz, de ahora en adelante,
prestaría servicio en muy pequeñas dosis,
mínimos fragmentos luminosos que apenas servirían
para que el ciego topo horadador de sombras
pudiera darse cuenta
de en qué caminos de extravío se había metido
y lo imposible que era que saliese a salvo de una zona
en la que no hay ningún enfoque hacia los cuerpos,
pero tampoco hay cuerpos que, al menos,
pudieran distinguirse de las otras formas vagas
que obstaculizan por completo la visión a más de un
paso,
menos de un cuerpo palpitante que arde
y que es el hueco que es preciso sostener
para que el fuego consuma a los amantes
y les permitan resanar las hendiduras que se forman
cada vez que las manos del fantasma se entretienen
en torcer los hilos que el destino teje sutilmente,
inútilmente,
porque el viento se encarga de que todo fluya
y nada permanezca igual a como era hace un instante,

cambia y se transforma en otra cosa,
otro cuerpo dubitante entre ser cuerpo de verdad
o pura sombra perseguida por recuerdos del insomne
que no cesa en su manía de alcanzar los cuerpos idos,
pura demencia que ulula su extrañeza
por falta de materia prima,
inmune al aguacero que arrebuja todo,
que todo lo convierte en mar por donde no navega nadie
pero si ululan las lechuzas sordamente,
sí los radiofaros mandan sus tétricos mensajes
y el frío parece el vencedor de todo,
sólo parece porque nada es cierto,
todo es materia corruptible
o deleznable propuesta de vivir en un planeta muerto,
un espejo en cuyo adentro sólo hay un fondo oscuro,
otro espejo con otro fondo oscuro adentro del segundo
espejo,
otra capacidad de transformar la noche en otra noche
igual que la pasada,
igual que la que viene,
da lo mismo, porque todo se parece mucho o es lo mismo
pero juega a que es distinto,
el otro de sí mismo que, a final de cuentas,
es casi igual o idéntico al que era desde antes de nacer,
pero ya con sus múltiplos y sus submúltiplos adjuntos al
ser original,
no añadidos, sino una amalgama de dispares sujetos
que disputan entre sí y se atrabancan
y arremeten en contra de sus propias semejanzas
y sus propias diferencias,
haciendo caso omiso de que todo acaba en un festín de

lobos,
una batalla en la que todos terminan vencidos
                    y el supuesto vencedor se da por muerto
empujonado por rencores que no hay modo de lavarlos,
                    mundo ajeno o realidad donde la pura idea
se entremezcla con lo que es supuestamente cierto,
pero nadie sabe dónde está le verdad que habla por la
        radio
y que ataranta con tantísimas verdades
                            que, se dice, son bien ciertas,
aunque falta la asidua palpación a cuerpos para estar
        seguros
                de que existen,
no son sueño o brusca interrupción de sombras desvaídas
que puedan observarse al pasar de los navíos
por las islas menos predispuestas a dejarse llevar
por las corrientes marinas que propenden a usar su fuerza
        bruta
con fin de impedir que los cuerpos huyan hacia tierra
        firme,
sean objetos siempre táctiles cubiertos por la sal marina,
conjunto móvil de duras osamentas,
                                férreos huesos,
labios ligeramente mordisqueados,
        carne como una frágil levedad llena de ausencia,
nostalgia que camina a paso lento como negándose
                a cumplir con su papel de ser nostalgia,
su estricta vocación de ser penumbra,
                        olvido que no recuerda nada,
                todo olvida,
todo convierte en almacén menesteroso y triste de

recuerdos

que suspiran por no perder memoria de los hechos

en que actuaron como ángeles expulsos,

demonios malamente iluminados por una luz tan poco
generosa,

que más bien parecía una tribulación realmente atribulada

que un potente reflector,

capaz de disipar las sombras más oscuras,

las más terribles pesadillas que puedan ser imaginadas

como un abandonado guardián de los huecos

que quedaron solos

y tuvieran que cuidarse por su cuenta del peligro

que acecha a los huecos cuando aún guardan memoria de
su carne,

el suave laminado cárnico que todavía mantiene líneas

que definen rostros,

espacio que sujeta cuerpos como alambres se sostienen
solos,

se acomiden solos a prestar servicios a cuerpos

que considera como muy plausible

que los insumos corporales regresen alguna madrugada

y soliciten, de nuevo, ser armados como cuerpos bellos,

formas integrales que dominen universos

o porciones amplias de las vías que comunican

el fin de los vacíos con el comienzo de lo lleno

porque todo es tacto que borda en el abismo

o lengua que escudriña, lenta,

la quemazón que hierve en medio de un fragor intenso,

un afrentoso resonar de los trombones que recuerdan

que la lumbre casi siempre es negra

y actúa como aflictiva sensación del desamparo

que se siente al no sentir la carne cerca,
la mirada que contempla, lejos, cuerpos que no lanzan
        ningún eco,
 ninguna voz que supla las voces
   que el silencio adscribe a su manera de soñar las cosas,
situarlas en el mundo de las cosas innombradas
                y los cuerpos faltantes de bautismo,
fuga en fuga hacia la vasta capacidad de los espejos
            para no saciarse nunca de apresar los rostros,
tenerlos siempre listos para verlos cada vez que quiera,
                reabsorberlos,
admirarlos y admirarse de su sed inagotable
                    por vaciar los cuerpos que ama
y despojarlos de su forma original
            y darles un reflejo similar, pero no idéntico,
que los conduzca a ser,
            pero en estado de una ingravidez pasmosa
que permita deslizar la mano entre los pechos
            y moldear al mundo en nuevas formas,
cuerpos que se aíslan en una zona fría,
distantes de la luz solar
        como un invernadero que se reduce de tamaño
para encontrar calor en su cobijo propio,
la esencia calorífera que lo mantiene en vilo
y lo transfiere de leña húmeda a leño resecado
                que arde de inmediato,
se agota como un balón de oxígeno
        que se respira en mismidad para consigo mismo,
se desinfla y se convierte en llama alicaída,
                taciturna,
repleta de méndigos pesares

como lechuza que no halla en dónde arrinconar su nido,
   forma desfallecida de no mirar de frente al día,
lo troceteado de un camino que no es nada seguro
        que acabe en algún lado
y siga siendo camino que camina, imperturbable,
hasta que toda superficie termine por cansarse
  y el camino acabe por no tener donde poner los pies
y se regrese al principio,
       el caos original donde el pretérito
y lo que estaba por venir se hicieron líos
     y el futuro se dejó caer cuando el pasado
apenas comenzaba a presumir su estado de presente
y no hubo cuerpos que llegaran a tiempo a los festejos
que la noche organizó para dar nombre a los cuerpos
   que no llegaron por más que fueron convocados,
grítele que grítele a los cuerpos
      para que hicieran acto de presencia
pero ninguno asumió forma corpórea,
hotel para cansados caminantes con alberca
y bar para las sedes del carnívoro animal
que tuvo que volver a ahogarse en las confusas
  turbiedades
      que el mezcal produce cuando se bebe
como un amargo sustituto
    de una luz que jamás llega cuando se pide
que ilumine las foscas llagazones que el espíritu del mal
  deshecha
como escoria en esos casos
    en que amor utiliza su gesto de sarcasmo
para obviar cualquier preocupación
que pudiera disminuir el valor de los milagros que,

                    de cuando en cuando, lleva a cabo
como demostración de que hay algunos cuerpos
que, efectivamente, existen aunque son como centellas
                              que pasan raudamente
como aves que confirman el final de las tormentas,
cuerpos en deriva a la mitad de las regiones grises
que se van hacia lo azul cuando otro barco se aproxima
        e iza sus banderas de verde inalcanzable que naufraga,
                    se hunde,
desaparece con una mano al aire diciendo adiós a los que
        quedan,
los que huyen por un afán de no estar en ningún sitio,
ser en perpetua fuga que viaja en lentísimos cargueros
en espera de que alguien suba a bordo y lo rescate
                          pero sólo llegan bultos negros
o máscaras que ostentan arrebatos de locura,
manías ambivalentes que no señalan claramente
        qué intención persiguen al roer la conciencia del erizo
que quisiera obtener la claridad que se requiere
                          para entender la causa de las grietas
que se abrieron sin razón que motivara la ruptura,
                    metal que se apacigua y ya no suena,
renuncia a ser llamada de atención a cuerpos
                          y queda como campanero en huelga,
sin campana y sin badajo para tañer siquiera el viento
y pedir a los cuerpos que se alejen lo más posible del
        demente
y huyan a esas islas que escaparon de los límites de un
        mapa
y nadie sabe en qué remoto rincón de un planisferio
                          se encuentran atrapadas

o cómo pueden los locos acercarse a ellas en sus barcos
        que naufragan desde antes de zarpar del muelle,
zona de alto riesgo para islas poco conocidas
en que habitan cuerpos que arden todo el tiempo
            pero impiden libre acceso,
        vigilan a los que entran,
no los dejan palpar los cuerpos sanos, pero ajenos,
        muy ajenos y fruto, por lo tanto, prohibidísimo
al igual que tampoco deben ni siquiera contemplar los
        senos
        que relucen como fuego de metralla recién hecho
o luz de iluminadas fauces,
          grandes pechos inmensamente tensos
como esplendor de luna o flauta que merece ser tocada
pero que suena como espina aunque con ruido suave
          casi temeroso de hacer ruido
o haciendo un ruido muy amable,
no la conciencia malherida que arma un griterío
        espantoso
          y precipita a uno camino del infierno,
deidad de los erizos que calan a uno con sus púas,
destaza con sus púas como un rastrillo grande
        que excava matorrales henchidos de recuerdos,
hoscos socavones que se asustan de su capacidad
          de recordar a todo rostro,
todo cuerpo que, alguna vez, formó parte del mundo
en que el insomne dejó que transcurriese su existencia,
          guarecida detrás de los espejos,
delante de las sombras que empujaban
          sombras semejantes a cuerpos de sopor
que gravitaban como esferas perdidas de su centro

y parecían como querer regresar a lo que fue morada
de una diosa oscura que oscila al pie de las campanas
        mudas
                        y lanza dentelladas,
mastica náufragos que se sublevan contra el frío
y arden del coraje por no poder limpiar las manchas
que les tapan la visión de los cuerpos
                        que estaban relativamente cerca,
pero sin modo real de entrar en comunicación con ellos
                        y adscribirlos, de nuevo,
a las brillosas formas fantasmales que el olvido integra
        como una disfunción de la mente destemplada
con que el prófugo de su propio esqueletaje encara
        los problemas de llevar una existencia doble,
triple estigma que cae como un hachazo
sobre los planes que el osado explorador de cuerpos
traza para hallar las rutas perdidas del caminante
                y se devuelve más prófugo de su otredad,
vencido por el gozo de estar a la mitad perdido en otro
        cuerpo,
y la otra mitad, en la huida permanente de sí mismo,
la línea divisoria que corre paralela
                        a la contradictoria situación
que debe de enfrentar todo sujeto que se extrema en el
        no-estar
como un asiduo circunspecto en los diversos aleluyas
que los cuerpos entonan con pleno desenfado
                cada vez que los muertos los visitan
y la otra parte del no-ser
        que no resuelve nunca las dudas que lo absorben
y maldice a los espejos incapaces de guardar los rostros

que podrían ayudarlo a encontrar alivio
a la desesperada situación que lo conduce
        a concebir el desamparo como una inmensa casa
que, ni siquiera, se llena de fantasmas,
                        morada del olvido donde todo
se revuelve y hierve como tambor que se volvió un
        desbarajuste
y suena como un sonido apavorado de calderas
            o una distorsión de movimientos poco serios
que reflejan que las puertas que no se abren casi siempre
        bufan,
dan patadas a diestra y a siniestra como modos de
        extender
el desconsuelo entre otras estructuras no del todo
permeables
a la influencia benigna de los astros,
                    maligna cerrazón que da el espacio
cuando juzga que sus cartas de amor no son
        correspondidas
y potencia su rencor hacia las débiles partículas de luz
que no pudieron soportar la violencia ejercida por la
        sombra
    y se quedaron flotando en el azar,
una elegante parsimonia que no podía palparse
                    pero hacía guiños ardorosos,
unos huecos que se mostraron incapaces
                        de cumplir con su promesa
de volverse huecos plenamente llenos
porque ya no hay tacto pero dominan las lechuzas
                    y todo es un desbarajuste
porque los huecos carecen de función alguna,

utilidad por muy desmenuzada que ésta sea
o tome su distancia con respecto a las formas
                    que sí prestan todavía servicios
que reportan salud y bienestar al respetable conjunto
                    de espíritus corpóreos
que acostumbre reunirse los fines de semana
con el fin de saludar a los residuos del fantasma
        que aún espera que los cuerpos regresen a sus brazos,
sigan a su lado en tanto los fantasmas siguen
                su ínclita labor de reparar los daños y perjuicios
que se crean por causa de un amor que acaba en la total
        desdicha,
la pérdida total en el larguísimo expediente
que se cierra cuando un adusto tribunal resuelve
                        que se acabe el juego
y el golpeado perdedor pague sus deudas
y se vaya a desplegar sus mañas a otra parte muy lejana,
                    deje en paz a cuerpos inocentes
que sólo quieren existir en paz sin las molestas acechanzas
que los lobos hacen en contra
                    de sus cuerpos inmaculadamente bellos,
tentadores como una tentación andante que casi los orilla
        a impedir
que el movimiento corporal excite aún más al ofidio
        que los lobos guardan en lo más profundo de su ser
y los conduce al desenfreno más brutal en animales
    casi siempre cariñosos aunque inclinados a la mala vida,
las relaciones tormentosas como borrascas de pasión
            que llegan arrasando con toda propiedad ajena
o región que pretendiera quedarse en la penumbra
                    que lo neutro ofrece

como una falsa garantía de que ninguna clase de peligro
                    ronda alrededor de los beaterios,
los antros sacratísimos donde el mezcal
resguarda los recuerdos del riesgo de perderse y no dejar
al desvelado bebedor sino el trasfondo hueco que se
          queda
cuando la cruda madrugada llega
             y los demonios juegan con manzanas muertas,
acueductos rotos que transfieren al agua
propiedades sólidas que la hacen semejar a estatua
que liquida su virtud a precio de remate pero, luego,
                        se ufana de la pureza
de sus vicios y demanda un alto precio
             por vender la pena que le da por ser tan bella,
exquisitez de las formas que transforman el vacío en
          espacio
                    donde lumbran las esferas su calmada luz
como ave temerosa de alcanzar el cielo, conquistarlo,
ser el cielo que se apropia de todo modo de volar
                        y toda concepción
de que el amor es algo considerablemente hermoso,
válido de toda validez aun cuando los barrancos estén
          listos
a tragarse a los amantes en cuanto sienten
                    que lo frío se acerca a grandes pasos
o desplaza soledad por sus airones negros
             como un modo de volar sin despegar del suelo
porque es verdad que las cosas se llenan de agujeros,
muchas cosas se llenan de muchos agujeros
       y terminan por estar perfectamente bien agujereadas,
se deslumbran de puras agujereadas

y se escapan a nuevos bebederos, también rotos
donde vasos rotos escurren su mezcal
y lloran por quedarse sin alcohol con que curar las penas,
alivianarse de lo triste que es estar aposentando a
      huéspedes
que guardan un silencio sepulcral
y no permiten ninguna disidencia que violente sus hábitos
      corteses,
las formas delicadas en que intentan resolver conflictos
que implican una larga duración en lo tocante
      a ser considerados como poco conflictivos,
pero que ponen una cara gimoteante que trasluce su afán
por ser vistos como muy riesgosos
      y, casi con certeza, destructivos,
pólvora a punto de iniciar una conflagración de alcance
      ilimitado
que cause graves daños a seres inocentes,
víctimas a las que el miedo impida escapar de la visión
      pesadillesca que afila sus navajas
con la muerte vestida con traje de etiqueta
      y sentada en la cama de un hotel barato,
jugándose a las cartas el futuro de las pobres criaturitas
      que contemplan, azoradas,
el paso pensativo de los torpes elefantes que escaparon de
      los circos
y caminan muy muy lento a la hora del crepúsculo
y meditan que el amor es como un amanecer con cara
      triste
      o una llovizna que no alcanza
ni a mojar los lagrimones que salen de sus ojos,
un radiador que se quedó oxidado en un desierto,

con sed pero que sólo puede ver agua quemada

                                 como única bebida

que apacigüe la carcoma que se expande a través de la

        garganta

y le impide gritar como un desmesurado energuménico

que quiere que todo el mundo entienda

                          que sufre inmensamente;

           no se queja;

pero sí suplica un poco de atención por parte

                de los cuerpos que se fueron

sin siquiera decir por qué se iban;

el porqué de tal velocidad en cambiar de residencia

                  que quedaron boquiabiertos

los honestos estrambotes que circulan libremente

sin que nadie los detenga por las cursis vestimentas

             que anteponen a su mala cara,

sus uñas mordisqueadas por una mansedumbre intelectual

            que los lleva a idealizar lo real

como si fuera lo único existente,

no hubiera demasiadas pruebas ya

de que los cuerpos son altamente misteriosos

        y parecen formar parte de otra esfera distinta

a la que cursa el orbe terrenal

y sus pequeños círculos que enfrentan serios problemas

                 de salud mental

y ruedan como vagos esquizoides anhelantes

de meter las manos en los hondos recovecos

      que la luna ofrece como un distante salvavidas

a los que siempre están al borde de volverse locos

y se atan/se desatan al más ínfimo madero

que parezca que pueda detenerse de cualquier objeto

inmaterial que cuelgue de lo abstracto
y permanezca sin moverse durante un rato tan largo que
se tome
por un objeto cadavérico desde hace mucho tiempo,
y no un cuerpo que desplaza ondas sonoras de metal
a cada movimiento de sus piernas tan bellamente
fabricadas
con molduras nuevas,
ornamentos que cintilan a cada paso de avecilla ruborosa
que se sabe motivo de atención de todas las miradas,
agua destrozada
como señal de que las cosas acostumbran irse,
manifestar su dolorida desazón de modo displicente
como tranvía que corta por lo sano su afición al viaje
y se resuelve como estatua inmóvil,
cuerpo muy cansado que avanza a puro flotamiento,
ir/venir llevado por los rieles sin esfuerzo alguno,
aunque sin llevar el mando,
sin miedo a los asaltos de los lobos
que sin piedad atacan a las ciervas,
las perturban grandemente hasta causarles graves daños
en sus almas puras,
cuerpos idos que extrañan a la noche pero se guardan de
decirlo,
de insinuarlo o denotar siquiera que alguna vez
sintieron en su carne
las ansias del nocturno cazador de sombras que se aleja
cuando llega el alba y la luz impera sobre toda cosa,
se lo imaginan navegante espeso,
marinero que persigue las tinieblas y las besa
bruscamente,

las abraza con toda la impiedad que sea posible
y logra que se hundan los maderos que lo ataban a la vida,
alcoholes son alcoholes y maneras de cargar la sobrevida
             que se otorga a los que ya perdieron la esperanza
pero aún tienen no se sabe qué
que les impide saltar de los andamios interiores
y caer hasta el final del fondo del abismo
                        que está en algún lugar que, se sabe,
desfondaron los suicidas con sus saltos tan mal ejecutados
que acabaron por romper el piso del cadalso
                        donde empiezan los sepulcros
y termina el todo con su ruido de hospital mal encarado
que no logra restañar las formas de la herida
                           que se da a grito abierto,
misérrimo disfrute celestial que apenas si convence
                     de que se posible que el milagro exista,
pero difícilmente sus grandes atributos servirán
                     para que el alma del penado libre la vía
que va de un calvario a otro sin escala en las delicias
      que ofertan las cantinas con su noble don de gentes,
carácter irascible, a veces, pero casi siempre dado
                     a ofrecer a los difuntos los mejores tragos,
las bebidas que confortan al espíritu sediento
                              de calmar las heriduras
que se hunden más y más en las mazmorras con que el
      alma
tiene que enfrentar su desgraciada suerte
                     y convivir amenamente con otras hojalatas
que deambulan por los bajos fondos,
las bajas pulsaciones que el reptil emite cuando está
      dormido

y que aumentan de volumen cuando un cuerpo pasa cerca
      y la lengua se prepara a cumplir las múltiples tareas
que tiene encomendadas cuando la carne fresca se olfatea
                  en la atmósfera
y sucede que un caballo relincha en la intemperie
  y busca amor descontrolado que lo ate sin razón alguna,
pura gana de sentirse atado a los perversos hilos
                        que lujuria tiene
y que enmarañan toda lógica formal y la convierten
              en demencia elemental
que busca mantener el predominio
            de las cosas relativamente hoscas,
furias aquejadas de un calor friolento
que se asume como incongruente llamarada
que produce sombra en vez de producir haces lumínicos
o vastas radiaciones de luz esplendorosa
         que abrumen de calor a los vacíos espacios
y sus frialdades tan hechas a hacer lo que les venga en
      gana,
           no tomar en cuenta ninguna sugerencia
para mejorar el clima en las regiones despobladas del
      planeta,
        los áridos desiertos,
la Antártida y el Ártico por siempre
y para siempre congelados como el corazón de ciertas
      damas
que incumplen sus promesas de dar amor eterno
           y dejan al amante
como ángel derrotado que huye de la misa
      y, huye, más después, en busca del pecado,
la buena vida libertina a que se avoca toda alma

que se siente y que quejumbra sus dolencias
                        en medio de las más oscuras noches,
los más pesados días que puedan sucederle a alguien
                        cuando el tiempo no transcurre
y no hay modo de escapar a una intensa sensación de
        ahogo,
asfixia que se cuela por los huesos y deja en detención
        cualquier asunto que parezca no poder estarse quieto,
trastocar las cosas que, de por sí, ya andan trastocadas,
                        hechas lío,
semejanza con cualquier desastre
                        que se asoma cuando amor ya es ido
y no se sabe lo que ocurra con el pobre amante
                        que fue como hecho a un lado,
desechado, dicho con toda claridad,
                        y puesto a orillas del camino
que conduce al jardín paradisíaco habitado, nada más,
                        por sílfides y náyades,
ángeles furiosamente tiernos o demonios tan gentiles
                        que causa gusto verlos y dolor no verlos,
no sentirlos palpitar cercanamente, al lado de uno,
                y conocer los otros rumbos que la noche toma,
las otras densidades que todo cuerpo ofrece
como un viajar en los relámpagos que suelen incendiar al
        día,
ya no hay cuerpos
        y sólo lo distante permanece como inequívoca señal
de que no hay modo de que las puertas dejen de cerrarse
                        pero quede
una abertura por la cual bajar al inframundo en busca de
        los cuerpos

tan queridos que no aparecen por el mundo,
descenso hacia las bóvedas en que se guardan los restos
                                    de las noches idas
o esa funesta claridad que distorsiona los pedazos de la
        estatua
que se asó cuando iba camino a los infiernos,
                            imagen desasida de toda realidad
que esculpe fragmentos de sí misma
y vuelve al estatuario rigor que da formalidad a toda
        imagen
                            que desee ser fiel a sus primeros rasgos
por más trozada que se encuentre ahora,
más desmenuce corporal que traiga a cuestas
                                    como muestra del rencor
que el tiempo espolvorea sobre los cuerpos
y doblega todo afán por devolverle fuego a la ceniza
                    que es recuerdo de tantas chamusquinas,
tantísimos ardores que asediaron carne y se apagaron
como fuego fatuo que brilló un instante y se apagó, de
        súbito,
como señal sombría que palpa sobre carne
                    y la humedece toda pero ya no hay carne,
sólo recuerdos de la carne y calambrinas
que cambian su modo de ser fuego por agua imaginaria,
sueño en el delirio de lo absurdo que es pensar
                que el reencarne de los cuerpos sea posible
o que el tiempo los preserve tal y como fueron antes
                            o se cambien cuerpos viejos
por cuerpos que se están formando apenas,
tiernas nebulosas que recién comienzan a dar luz
                en forma de pequeñas velas crepitantes

que aseguran que lo bello sigue iluminando al mundo,
da lo mismo, porque la muerte se aproxima

      como un erizo huraño que busca una enfermera,
un técnico que sane las múltiples abolladuras que los
      choques
causan en las molestas andaderas con que hay que
      soportar
      los malos pasos que se dan entre el tráfico terráqueo,
restaure almas sentenciadas a la pena máxima

      de andar indefinidamente en tostaderos
que son como un valle de lágrimas perpetuas

      pero es, en realidad,
una tortuga grande y con conciencia del inmenso dolor
      que sufre el universo y se dispone a incrementarlo,
cobrar las deudas no saldadas con un recargo exorbitante

      de modo que no puedan saldarse
y todos entren a las lóbregas cárceles
donde se cobra un excesivo precio
por cualquier inocente pecado muy menor

      que ojalá y se hubiese cometido, pero no,
y debe de pagarse como si fuera la creación del mundo

      culpa de uno,
todos sufren, pero los ruidos ruidan mucho y sufren más
porque los ruidos se les van a la cabeza

      y pierden toda noción de dónde están parados
y el ruidero se les queda adentro golpeándoles aún más
la poca estima que se tienen como ruidos

      a los que nadie hace ningún caso,
pero arman mucho estrépito y hay un dolor que se
      acrecienta

      en graves formas

en las maneras duras que señalan que el malhumor se
    expande
como asunto ríspido a gran velocidad sobre la tierra
    y malhumora, si es posible más, a las personas serias,
las distuerce y las hace rechinar como si fueran brújulas
    que ya perdieron norte,
rumbo que ya perdió su rumbo y que no sabe, ni le
    importa,
dónde diablos quedó tanta isla abandonada,
tanta revolvedora de cemento que da vueltas sinfín
    y nadie la consuela,
tanta fábrica que hay con tanto desamor
    que escapa por sus puertas,
y quedan sólo los gritos de cuervos que perdieron su
    graznido
y ahora solamente se oye el eco de un graznar
    que anuncia su modo de morir entre aletazos turbios,
    muerte extraña,
como la de un santón que reparte bendiciones
    sin ningún sentido pero estimula la degollación
como la forma más perfecta de salir del baile finamente,
con la corbata en su lugar y el ceño adusto,
    la cabeza, aparte,
como un simpático adefesio que dialoga solo,
monologa a grandes gritos con su propia inconsecuencia,
su ser contradictorio que lo empuja a negar
    lo que recién afirma
que es lo cierto que se vuelve falso para ser cierto de
    nuevo
    y así el infinito,
que asegura que es finito y que termina

en donde empieza el infinito que se agota en su propia
            finitud
                                    y, luego, se sepulta,
muerte, también, adustamente seria, respetable,
o cuerpo que, al final, se cansa de ser cuerpo y pide
            sombra,
pide articulación de sombra con lo que queda de la luz
                                    que ya es muy poco,
abismo que se abisma hacia la producción de otros
            abismos,
radicación de lo insondable como vía de escape
                                    para fiera alebrestada,
fiera dominada por un amor que se volvió pasión furiosa,
                        cayó pronto y ahora es como el tiempo,
vuelto el nudo en que el ahorcado se entretiene contando
los triciclos en que dan la vuelta los cuerpos
            que viajan por el mundo y se oyen siete estruendos
que caen como se caen de pura enfermedad los
            hospitales,
de muerte las agencias funerarias con sus muertos dentro,
de soledad las islas solas que abundan en la mar océano,
                        peces óseos,
barcos que navegan fósilmente con huesiza
                                    de un remoto tiempo
que atiborra las bodegas de recuerdos
                        que refieren la prehistoria de los cuerpos,
los años anteriores al diluvio
en que los cuerpos empezaron a moldear sus formas
y resolvieron constituirse como símbolo real de la belleza
en tiempos que quedaron resguardados en una piedra
            pómez,

reliquia como un fósil que todavía camina

                         pero con cierto tullimiento,

cierta dificultad respiratoria que ocasiona tantísimo

       cigarro

                       inhalado lo largo de los siglos,

dolencia en las junturas que rechinan como una bicicleta

restregada muchas veces contra un piso del que cuelgan

       clavos

que jalan hacia abajo los esfuerzos inauditos que un señor

       realiza

para no bajar sino hasta el límite preciso,

porque los cuerpos terminan sus tareas

y evaden toda circunstancia que pudiera obligarlos

                     a sentir lo que no sienten,

querer lo que no quieren,

                  decir lo que debe desdecirse

y desdecirse de lo que sí debió de haberse dicho o se dijo,

                     pero de otro modo,

problemas del lenguaje cuando alcanza

                  las lindes del amor sublime

y se atarasca con las aguas que suben del infierno,

caballero que lanza sus graznidos y agujera las pocas

       brasas

que encuentra todavía en su vagar de lámpara nocturna,

faro inútil que no atrae a ningún barco hacia las costas

que conforma el entorno de los cuerpos en el espacio

que les toca en la fracción de tiempo que gruñe y aletea

sobre los cuerpos inocentes

               que se niegan a cargar con culpa ajena,

disturbios que no les corresponden,

      pero sí, aunque de un modo oscuro y nada definible,

sí intuición de que la culpa se cuela subrepticiamente
                              por los vidrios rotos
y señala a los culpables con su voz pastosa
                              de alcohólico irredento,
bebedor empedernido que se ahoga
                    bajo una sobredosis de atroz remordimiento
o pasión que estuvo cerca de llegar hasta lo infame y fue
            sujeta
por un miedo terrible de que lo frío lo encajonaba todo
sin dejar ni un resquicio por el cual entrase la esperanza,
no los muertos que mascullan culpas
                              en una letanía interminable,
se las beben a grandes cucharadas como una purgación
                        para limpiar el alma de cochambres,
airear los derroteros que utilizan los fantasmas
en sus largos recorridos por el fondo de las ánimas
            contritas
para librarse del cascajo que se escurre de los cuerpos
                              que, ilusamente,
uno diseña al interior de sus covachas
para poder sentir que alguien cuida que el desorden
                    no termine por llevarse las últimas estancias
que el suicida tendrá que recorrer mucho antes
                        de llegar al poste predilecto,
muerte sobre muerte sucesiva como carne
                    que está sobre los cuerpos como en celo
y perpetuamente desvelada,
                        abierta como toleración de lo intocable
o fingimiento de que los cuerpos no necesariamente
                derrochan su hermosura en grandes vasos,
radiantes botellones de agua pura que logran el milagro

de que lo húmedo casi siempre preceda a la incoherencia,
la extrema lucidez que lo corpóreo causa como efecto
                              de un cuerpo bien visible,
bien mirable con aguda palpación extrema
o lengua en intensos ejercicios prácticos de salvación de
            cuerpos
que bordean abismos sin casi darse cuenta del peligro que
            se corre
cuando llega el vendaval y los lobos aúllan más recio
que en los días en que el aire parece dormitar,
dedos que se aferran a la masa de la carne firme
y entran en contacto con las formas menos conocidas
                              del fuego corporal
que arde de modo consecuentemente ardiente,
                                        quema,
se declara cuerpo como bronco incendio,
            se confirma incendio que chamusca bosques,
mares sin una sola gota de agua adentro,
espacios sin espacio que permita cambiarlos de lugar
                  y ubicarlos en otro sitio del espacio,
alguna concepción ubicua que permita
                  no espaciarlos mucho pero sí lo suficiente
para que los cuerpos se apropien del espacio
                              y lo llenen con sus cuerpos,
siempre dispuestos a crecer como criaturas que requieren
                  de anchas superficies para alzar el vuelo
donde puedan los dementes patinar sobre las líneas rectas
                              que se curvan peligrosamente
y que producen un vértigo que casi los obliga
                              a volver a la cordura
e intentar un equilibrio insostenible entre razón y fe,

votos de humildad
y soberbia por estar entre tanto cuerpo bello
aunque ya estén idos
y sean tan sólo personas desvaídas que bajan la cortina
en cuanto oyen pisadas que se acercan demasiado
a las ventanas,
o alguien tose con toda la maldad que le es posible
para poner a los cuerpos sobre aviso
de que los viejos lobos gustan de la carne
y rondan en torno a las hogueras
que los cuidan de los astutos malhechores
que solamente quieren jugarlos a las cartas,
azar contra necesidad en juego de alto riesgo,
vida o muerte,
da lo mismo, porque las cosas tienden a igualarse
en cuanto ponen su rostro de cadáver,
las uñas que perdieron filo,
los dientes con la cara tonta de quien no puede masticar la
carne,
paladear el vino,
usufructuar todo derecho de la lengua
para indagar todo secreto que guarda cada cuerpo amado,
lengua encenizada como un cristal helado que se sorbe
solo,
junta restos requemados idos y los sorbe a solas,
los deglute a solas,
bebedor de sombras,
constructor de inútiles caminos
que ni siquiera alcanzan a dejar atrás la sombra
pero terminan en la misma sombra,
mismo espejo donde la lluvia se detiene

y va buscando mundo en orden,
espacio tan perfecto que no sea necesario agregarle
     ni un poco de cemento para que no se venga abajo,
cuerpo que se crece en proporción palpable,
se expande como delirio terrenal llevado a los extremos,
goce a total inconsecuencia como sonido que retumba
               en el silencio de la noche,
dureza del sonido y del silencio que guardan los sonidos,
     los acalla, pero los deja haciendo ruido adentro,
        muy adentro,
como cuerpos que están lejos y no se oyen pero hablan,
        cantan,
hacen ruido pero como suena el viento
          y nadie sabe cómo suena el viento,
            lo que dice el viento,
golpean en las ventanas como si fueran sombras
       que se esconden en lo espeso de los bosques
y atacan sin aviso al desdichado
          que gozaba un día de campo,
frescor de la arboleda que acabó
      por entumir los pulmones del fumante señor
que mira transcurrir los días
sin que ningún cuerpo se digne acercarse a contemplar
el espectáculo que brindan las alegres calaveras
con sus ropajes escarlata y sus vehementes ganas
         de torcer pescuezos
y caen como los cuerpos que se caen de sueño
después de amamantar a las esferas que jamás se
    duermen,
   siempre giran,
       incansables,

modelo de demencia,
vuelta y vuelta sin motivo alguno
como cuerpos que dan vueltas y no llegan,
se entretienen girando en el espacio como esferas,
y se olvidan de que alguien los espera
y se van en un tranvía lejano, viajeros de la noche,
usuarios de un transporte que sólo lleva muertos
que susurran entre ellos,
clavos rotos,
manijas descompuestas,
pernos con un dolor atroz en las muñecas,
pinzas que se tuercen suavemente,
alcayatas a punto del zozobre,
rostros con cierto desajuste en la mirada,
labios que no enfocan hacia el lugar de la mordida
sino afuera,
mar adentro como navegación hacia lo oscuro,
el agua soporífera que se mantiene lenta,
con decisión de no ser agua ya sino un desierto plano
sin nada que ofrecer salvo el vacío que llena lo desierto,
la salvación por el vacío,
la nada que completa lo vacío,
le da forma de círculo repleto por la nada,
cuerpos flotan sin mucha libertad como reclusos
de su propio cuerpo,
como argollas que no pueden zafarse del rostro que las
cuelga
en lo deforme que un espejo roto crea o asume
como imagen que está desenfocada,
masa desvaída que desliza dedos sobre carne intáctil,
se oyen sonar bártulos como si fueran huesos tristes

de cuerpos que se fueron dando tumbos,
malamente, como huyendo,
como dejando las campanas tiradas en el suelo,
muertas,
sin temblor de campanero adjunto,
sin auxiliar que, cuando menos, taña un arpa
o sacuda las alfombras
con bastante sonido de metal saliéndose del polvo,
sin fisuras que se abran a lo aéreo y suenen flautas,
canten los tambores su júbilo de fiesta soterrada,
su festiva canción que habla de barcos que naufragan
y dejan que los cuerpos se hundan,
los náufragos regresen a la tierra yerma
y no encuentran a nadie
que los salve de vivir en un estado casi comatoso,
muerte anticipada que viene del desierto
y no ahogados felices de morir entre las aguas turbulentas
y en diálogo perpetuo con la mar profunda,
no lo frío que sale de los círculos que se contraen
hacia un círculo inmenso que se traga todo círculo menor
que se le ponga enfrente
y toda devoción o acto de fe
que crea que los círculos sirven para algo
y las esferas son objetos necesarios
para que el amor funcione como debe
cuando está recién salido del caldero
en que se cuecen las pasiones
y se espera que el sonar de los metales acelere el regreso
donde el amante los espera,
ansioso,
llama en furia,

ardor insoportable porque todo es tibio,
todo rezuma la tibieza que nace de los cuerpos y las cosas,
todo es como un frescor inaguantable para el demente
                        que anda con su incendio adentro,
arde que arde y se padece el fuego que impulsa
                        a los suicidas a ser su mismo fuego,
lava que crepita y se hunde en el misterio de los cuerpos,
        lo hermoso de los cuerpos,
                                pero todo es sombra,
                        imagen sin resguardo,
                        mundo que cavila sobre cuerpos hoscos,
líneas finas como horizonte que se acaba
y enciende luces rojas para avisar que se termina,
que es triste ser un horizonte al que nadie dirige la mirada,
nadie le habla
como a un cuerpo enamorado le hablan,
                le susurran mordiéndole el oído quedamente,
                        la lengua, quedamente,
como pasión que se enardece pero queda fría,
                        exprime su calor y queda fría,
impávido galope sobre tierra que arde,
                cielo que dispara brasas que resultan chispas
que propagan fuego que arde como espada
                que se clava en cuerpo que se atisba ido,
                        sin su cuerpo,
llevado por el viento o airón que vuela como cuervo
        negro,
                luto en cantidades grandes de grandes mausoleos,
                        piras funerarias,
                                        túmulos,
carrusel para que los muertos den alegres vueltas

en caballitos de madera ahumada,
salón de baile con señoras que se alquilan
con mucha mansedumbre
pero aminoran la tristeza en que sucumben los difuntos,
danzón para los muertos,
rumba para la osteoporosis de los vivos,
trombón que se acelera y llora por los que aún no parten
y duermen como sano pecador que se respeta
satisfecho de su mala vida,
su desorden,
caos vituperable como toda falta de respeto al orden,
todo fruto prohibido aunque profundamente deleitable,
todo jugo de carne de mujer amada
que se bebe en busca de salud a pleno riesgo,
señor pecaminoso que no accede a que la luz lo bañe
enteramente,
luz piadosa,
luz que reparte la clemencia a manos llenas
por cuerpos generosos
y de un amplio criterio en lo que toca a ciertos vicios
que ciertos caballeros guardan como manera de ser propia
aunque ciertamente impropia,
una indebida conducción de los asuntos amorosos
que los lleva
a meterse en situaciones harto complicadas de las que,
luego,
no pueden escaparse y quedan atrapados entre una
multitud
de aspectos que se contradicen entre sí y no hay manera
de que el honesto caballero salga libre de toda clase de
magulladuras,

golpes bajos que lo afectan seriamente

        de lo que llaman una visión recta de las cosas
y una visión torcida de las mismas,
cuerpos generosos como un puesto de socorros

        que atiende a los heridos con solícita ternura,
los masaja con cierta tentación de darles muerte

        y reducirlos a hueso triturado,
profunda abnegación hacia los tristes derroteros

        que la noche marca como senda
a los amantes que perdieron la ruta luminosa que pudiera
haberlos conducido a los cuerpos tan deseados

        y encontrar la salvación eterna
y no el trituramiento acelerado de los metales gruesos
y fuertemente armados de argumentos

        como defensa ante la mala muerte,
adoloridos ayes lanzados por los dientes

        que destrozan las gargantas
de las tétricas lechuzas que ululan por el poco amor

        que se encuentra sobre el mundo,
cantan *yo, pecador* y se alebrestan por los nuevos cuerpos

        que se van sin haberse, siquiera, aproximado
a la linde que separa lo que parece razonable

        de lo que parece ser lo irrazonable
del demente que enloquece más aún en sus vislumbres
de las formas novedosas que aparecen y desaparecen
con una rapidez que pasma a los atónitos creyentes
de que las formas deben de quedarse quietas

        por un tempo relativamente largo,
ser admiradas paulatinamente parte a parte,

                gozo a gozo,
deleite tras deleite,

y luego, tal vez, irse, cuando el tiempo comience
        su tarea devastadora de cuerpos y de objetos varios,
                trípodes insanos,
alfabetos que se usaron y que, como no dieron para
      mucho,
                    cayeron en el peor de los olvidos,
            como éste,
                  como el otro,
las lenguas anoréxicas que no dicen gran cosa
pero arman una escandalera que hace que el silencio
    se tape los oídos pero grite, también, desaforadamente,
                nadie lo oye,
porque todos se taparon los oídos y ninguno escucha
        lo que grita el otro y vaya batahola la que asumen
las formas más disformes,
tan contrahechas que de formas les queda sólo el nombre
             y el recuerdo vago de que fueron hablas,
lenguas vivas que lamieron cuerpos vivos,
                    carne esplendorosa,
virtudes que se ofrecen por parte de los cuerpos
           para alcanzar los goces celestiales,
entrar al Paraíso por la puerta grande
        con el ronco resonar de pífanos y de timbales
y no como los cuervos que aparecen después
             que el horizonte se ha cerrado
y sólo queda la no muy buena mala suerte
que aparece a los suicidas con su paso de vetusto anciano,
              que viaja hacia la muerte,
lenta masticación de los recuerdos
        de un pasado perdido por completo,
suicida es el que perdió los pies y pisa sobre nada,

el que perdió los ojos y mira sobre nada,

oye nada,

sólo gritos que sólo traen consigo nuevos gritos,

nuevos miedos,

becerro apocalíptico que solamente humea,

radia rayos sucios como muerte idiota muerta en vida,

mala muerte como mala vida con la mente estropeada

por la reuma,

quejumbrosa como una chimenea que padece artritis,

mundo envejecido,

embalsamado,

sin recuerdos,

sin historia,

pero ciertos sueños quedan como bocas que iluminan

muslos tersos,

carne que arde,

labios como una invitación a la lujuria,

a la consumación de los desastres en plena certidumbre

de que el fuego daña, pero alivia,

cura llagas que el amor produce como efecto secundario

pero causan que la piel se desanime de andar sola y se

doblegue,

dejándose caer en muy pequeños trozos

que no encuentran su razón de ser en tanta soledad

sino en la lenta destrucción

de cada nuevo amanecer que, necesariamente,

se despierta más amoratado que la víspera

porque amor es como muerte entusiasmada,

delirio del suicida que acomete ciertísimos derrumbes

sobre cuerpos idos,

navegaciones sobre mar de sombras,

barco cargado de fantasmas que se apagan, súbitos,
desaparecen como carne que fue como calentador de gas
                    que explotó antes de tiempo
y es arisca quemazón que pasa de una esfera a otra
y atraviesa los espejos que llegan a los círculos
                    que se abren para dejar pasar al frío,
la helada sensación que deja un cuerpo ensimismado y
        vuelto
                            hacia su internidad eterna,
                                su llenura,
su imagen del infierno que sale del espejo
            pero regresa a los espejos y ahí se pierde,
no lastima a los cuerpos la imagen del infierno,
no los tuesta o convierte en quemadores ciegos
                    a los encantos de los cuerpos,
a los plañidos que escapan de los cuerpos,
                los protege de lo único y lo múltiple,
        el Cero y lo vacío,
el Uno y lo que no-es aún pero tiene cierta posibilidad de
        ser
        cuando los cuerpos vuelvan en un futuro próximo,
futuro remotísimo o, tal vez, nunca regresen
            y el posible ser se quede en estado de nonato,
hospicio para infantes ebrios que nacieron
            con la mente llena de ilusiones
y se fueron quedando como locos de atar a los tornillos
que escapan de los vértigos que les producen
                            las ánimas huidas
de los más negros purgatorios y que claman por perdón
                        con horridos aullidos,
la casa del suicida donde la muerte sola emprende sus

jugadas,
apuesta a favor suyo y juega contra cuerpos,
                              aunque, a veces, pierde,
ganan cuerpos pero muerte gana casi siempre
                          por una abrumadora mayoría
y gana contra calmas, contra borrascas indecisas,
contra distantes cuartos donde los muertos cantan
                          sus cánticos de muerte,
sus cantos de alegría por estar definitivamente muertos
                    pero vencen cuerpos volcados hacia adentro,
cuerpo adentro metido en su profunda sombra,
la dimensión que le es propicia a cuerpos siempre errantes
        porque amor es como muerte o lejanía a pleno gozo,
plena circunferencia que se abre y vuelve órbita
                              que circunvala a los planetas,
lo esférico celeste que rechaza el plano horizontal
                          en que los círculos se mueven,
la curvatura que se va muy lejos hasta intentar ser infinito
                      que duplica su propia dimensión,
su altísimo tamaño y se extravía,
                se pierde en las honduras que el espacio tiene
para atrapar a los insomnes vagabundos que recorren
                sus grandes extensiones sin motivo alguno
y perturban al silencio genitor
                            de nuevas estructuras espaciales
que se abren paso a través de la espesa gelatina
que hay cuando no hay absolutamente ningún hueco tan
        enorme
que pudiera dar cabida a un universo parecido a un
        cuerpo nuevo

                              y cuerpos ganan

porque amor es como tristeza deslumbrada por lo bello,
                    espejo ciego donde nadie cabe
y nadie ve a distancia a cuerpos
            o toca las esquirlas con suma levedad,
cautela extrema porque no se sabe qué es lo que queda
        lejos
                        pero tampoco cerca
y se camina igual para ir al cielo o al infierno,
                    da lo mismo,
igual de incómoda distancia y poca comodidad
                en el servicio de transporte,
barca o carruaje de otra muerte,
da lo mismo camión con lloriqueantes deudos
                    camino a los panteones
o lanchas con espejos que reflejan trinos de aves
                desde hace mucho muertas,
fallecidas porque la misma sensación de desamparo
                cubre a cuerpos y fantasmas,
los envuelve la misma sábana mortuoria estén
                en el reino de los cielos
o en el infierno como lugar de sufrimientos indecibles
pero, también, de gozos inefables
                aunque haya pocos cuerpos disponibles,
        sobre todo, bien dotados,
                    generosos,
plenos de la ardiente tentación que se precisa para que
        amor funcione
            del modo que debiera y el mundo se consuma,
se aniquile toda propuesta razonable
                y sea la sinrazón completa
la que mande sobre cuerpos y los haga mantenerse bellos

como fuerza telúrica que guía el movimiento universal
                              y lo hace ser
la forma como única razón que vale mantener
                              como señal de vida,
sola esfera que se cae desde su enorme peso
                              por la pura inercia,
pura fuerza bronca que la impele a derrumbarse
                    como una diosa que reina sobre muerte,
cuida cuerpos o resguarda los ruidos que llegan de la
        noche
                              y suenan a metal furioso
o lámina de asbesto que no se desbarata mucho en gritos
              pero sabe a cerveza ingerida hace ya tiempo,
demasiado tiempo en el que muchas estructuras
                              desmontaron sus cimientos
y quedaron como simples restos que no pudieron
        soportar
ni la menor insinuación de que era necesaria
                              una mayor seguridad
de que lo consistente se vuelva, en ocasiones,
tan urgente como esos líquidos quemados
                              por esa incertidumbre extraña
que deja el no saber si los cuerpos están de verdad en
        algún sitio
o solamente son apariciones de la nada que semejan
                    cuerpos y deforman rostros,
                              labios,
bocas que mascullan vocablos que no pueden entenderse
                    por más que se les busque algún sentido,
alguna traducción aproximada que permita descifrar el
        caos

que los cuerpos provocan cuando están ausentes
y se parecen algo a la herrumbre cuando toma
forma de cristal que arde
                   y queda sólo el aire que golpea en la ventana
pero, después se va porque no hay nadie
que le enseñe que entre el mal y la virtud
                            no hay mucha diferencia,
sólo un golpe de azar separa a los gemelos
cuando se alejan en busca de acechanzas
                      y no vuelven a encontrarse nunca,
se distancian, pero su sombra no los deja nunca solos,
los acosa como un perro acosa al otro perro
                y el pleito se termina cuando mueren ambos,
trifulcas entre iguales personajes que se aman
                         y se odian con igual violencia
o ternura que acota su terreno a puras dentelladas como
        ventilador
que se acelera en sus airones y genera una tormenta,
un vendaval que se frena bruscamente
                             y tira lo que lleva puesto,
                       su corbata negra,
sus patines que le permiten recorrer grandes distancias
                          en un tiempo tan breve
que pasma a los que están dispuestos a creer que el
        tiempo
se escurrió por las rendijas de la noche
y nadie se enteró que ya no estaba
sino cuando los cuerpos regresaron mucho después
de que el suicida se hubo ido
siguiendo a su fantasma que clamaba en vano,
zigzagueaba en vano para evadir las líneas rectas que

cierran

el camino al universo curvo,

                      pero en vano,

porque las rectas se habían ido perdiendo poco a poco

en la cabeza de los geómetras

y no hubo modo de ponerlas, nuevamente,

al servicio de los hombres justos que se pasan la vida

tratando de construir un equilibrio que no altere el humor

de los restantes equilibrios que pudieran ofenderse

por estar a punto de dar paso a un desequilibrio aún

            mayor

que acabara con lo poco que logró salvarse,

un accidente de grandes proporciones que alterara por

            completo

la conducta de los cuerpos volviéndolos más hoscos,

                más terribles,

más navajas diminutas que se clavan debajo de la piel

                     y hacen que el sueño

se convierta en una forma atroz de estar despierto,

caminar dormido entre las flamas desgajadas

que saltan de los ojos de la estatua

                       que se quita de un manazo

el polvo de los siglos y se ve más joven,

más durable permanencia de una edad oscura que pervive

a pesar de los esfuerzos que hacen los fantasmas

                    porque nada quede

en la memoria de los cuerpos que recuerde

                la implacable cerrazón

con que las pinzas ahogan los intentos por seguir a flote

              que el ahogado hace sin ninguna gracia

o simpatía por las formas que se ocultan detrás de los

espejos
y se alejan sin pedir permiso a nadie y no regresan
o regresan con disfraz de cuerpos somnolientos
                          que casi no respiran
y apenas dejan respirar a los trombones
                    que resoplan de coraje
al no encontrar el tono grave que requieren los difuntos
        cuando hablan de sí mismos con las luces apagadas,
                    las persianas bajas,
los fogones mustios y un tanto apaciguados
                en sus ansias de que vuelva el fuego
y los cuerpos ardan chamuscando al mundo,
desbielando tierras ya cansadas
                    de que no suceda nada nuevo,
la historia se repita como un círculo que vuelve siempre
                            a su principio
pero no es un círculo sino una línea supuestamente recta
                    aunque bastante indefinida,
                        ciega y sorda,
que se pierde en tantas abstracciones
                que jamás logra bajar a lo concreto,
estacionarse en algún lado y beber una copa de vino sin
        angustia
porque deja de cumplir con su oficio de tiempo
        perseguido
                por él mismo
en su camino hacia ninguna parte
                    y ser el puro pasmo,
la quietud desatinada en su manía por trascender en algo,
en alguien como el Mal cuando encarna en la belleza
y deposita cuerpo en una vidriería para su exposición

y gozo en contemplarlos,
deleite de los cuerpos como materia memorable del amor
y sus áreas próximas
donde el ardor incendia las guitarras y sube como barco
hasta formales cielos
y navega como un trofeo de guerra por lo aéreo
y custodia la luz de los relámpagos,
guarda las esferas de los riesgos que se corren
con tanto círculo que da vueltas
sin precaución alguna o un poco de respeto
a las débiles metáforas que quisieran describir
lo que siente un ánima dichosa
por sentir un cuerpo cerca y, luego, verse sola
nuevamente,
con la impiedad sonriendo con su cara de vinagre
llena de viruelas
y el cuerpo en fuga hacia las zonas donde se palpan los
vacíos,
los huecos predominan
y el demente considera, con toda seriedad,
que un hueco acaba siendo más estable
que varios cuerpos poco estables juntos,
que no logran construir ni un solo andamio
capaz de sostener el porvenir del mundo,
la fe como adscripción de vida,
no el aire de derrota que hace que sucumban
incluso los desastres,
y sea imposible encontrar un viento suave como espada
que perdió su filo,
espino sosegado sin costumbre de clavar su espina,
quieta aguja que sólo da molestias pero no plantea

problemas

ni resuelve dudas,
sola en la quietud de las agujas que, a veces,
reverberan pero no sollozan,
ni aman,
sólo palidecen, frías, como sol que se congela
y no caliente cuerpos o desmames,
estufas o hendiduras que no gustan de usar las escaleras
por miedo de perder el equilibrio y subir al fondo,
ascender hasta qué bajos sótanos
que pudieran encontrarse en los espíritus
que ya perdieron la esperanza
y mueren sin hallar la absolución de manos de la amada,
labios de la amada que se fue dejando la condena
en una carta
que decía mucho pero, a fin de cuentas, decía nada
y todo se quedó
como un traje que camina sin su cuerpo adentro,
nadie adentro pero nadie afuera,
sí corbata que huele a pésimo tabaco,
sí muerte que jala del pescuezo a un hombre ahorcado
y lo lleva en un remolque hasta el lugar en el que viven
las absurdas incoherencias que quisieran estar en todas
partes,
no dejar a nadie que camine por su cuenta y riesgo,
dé un traspiés y caiga de un ubicuo trampolín
a otro bastante más pequeño y se desnuque
y se comporte como si estuviera partido en mil pedazos
y camina por muy variadas calles,
plazas,
parques públicos,

diversos cementerios que parten en su busca

                            pero no lo encuentran,

varios teléfonos que suenan como aviso de emergencia

                        y no hay quien los descuelgue,

quién conteste a quién que llama sin saber para qué llama

si nadie le hace caso de lo urgente que es salvar a un poste

de morir ahogado en el profundo sentimiento que le

        causan

                            el penar de los suicidas,

el escándalo que se organiza cuando alguien

              utiliza el pasamanos para bajar a los infiernos

y es recibido con grandes gritos de alegría,

profusión de abrazos por parte de las sombras terrenales

de los cuerpos

que lo esperan para dar la extremaunción

              al afligido pasajero del último camión

que circuló en aquellos tiempos

en que los cuerpos eran reales y los postes casi

        inexistentes,

                las respuestas de los cuerpos eran prontas,

                    positivas,

no era necesario mandar urgentes telegramas

        te amo, tú no me amas, no destruyas postes,

suicida es el que al amanecer patina sacándose los ojos,

cortándose la lengua pero grite y grite,

              y cuerpos no contestan nada

pero es posible llegar a las tabernas de la noche

donde los viejos ritos funcionan todavía,

                  aunque lentos,

muy retardados en su efecto mágico,

extrema lentitud en que impiedad clava el puñal

---

en cuerpo impío
pero cubierto de piedad con cierto foco rojo adentro,
sabor amargo que se queda adentro de la boca
y vuelve muy amargo
el amargo sonar de las palabras que quedaron atoradas
en la punta de la lengua,
pero no salieron,
murieron de una asfixia inmemorial
que no guardaba memoria
de ningún recuerdo relativo a sombras
pero sí absoluto en lo que toca a cuerpos
que acabaron perdidos en la sombra,
carne insatisfecha pero bien madura,
bien situada sobre pies terrestres o arcilla elemental,
barro que se adhiere a muslos y proclama su belleza,
su no abstinencia hacia lo abstracto pero, mejor,
cabalgadura camino al infinito
o descenso a la frescura de los cuerpos,
habitación para sonámbulos que dejan la cordura
en las afueras de la casa y se aman como locos,
sí demencia como única manera
de no volverse cuerdos ante lo inhóspito del mundo,
lo lógico del mundo que termina ilógico,
descabezado,
rezongue que rezongue por el tiempo que le queda vivo
y muerte que se acerca envuelta en golondrinas
con las alas tristes,
despintadas como jinetes en caballos patitiesos que
cabalgan
entre las grandes polvaredas
que llegan del desierto entre las voces iracundas de

profetas ciegos,

cuerpos muertos,
espejos oxidados que no dejan que nadie se presente ante
ellos
para verse reflejados en formas que no parecen formas
sino informes cosas,
objetos desechables,
tirabuzones que giran sin ningún sentido
y no descorchan ningún vino
pero se incrustan con desgano en las clavículas
que se fueron quedando vacías poco a poco,
partículas pequeñas de la huesa grande
que se iban disgregando y se quedaron solas
con un almario tan pequeño en el que no cabía
ni tan siquiera
un breve esbozo de una culpa mínima,
algún pecado insustancial que hubiese sido cometido
sin querer
y sin causar efecto alguno sobre cuerpo bien determinado,
nombre exacto,
edad concorde con la urgencia de pecar
que los deseos provocan,
las ansias solicitan con el golpe feroz de los timbales
que resuenan en medio de la tarde,
fábrica de muertos,
armamento que acelere la producción de muertos,
desquicio para cuerpos y trompetas cuando guerra suena
a funeral sombrío,
velorio de los más conspicuos que pudieran darse
si se habla de difuntos poco dados a las glorias de este
mundo

pero desean usar un traje de etiqueta en caso de morir
                              asesinados por un amor nefasto,
una dama dotada de profunda inverecundia
que lance rayos y centellas sobre el pobre amante
                              que termina con sus días
de un modo lamentable en un final punto menos que
        apoteósico,
muerte indigna que rebota sobre un gemelo muerto
que descansa sobre el cuerpo del gemelo-otro
                              que ya estaba también muerto
y que cae sobre el tercer gemelo
                              que ya era cadáver desde antaño
y así en forma sucesiva de atumbar
sobre decenas o centenas de gemelos muertos
                              y dispersos en sus muertes propias,
otros fiambres que se fueron deshilando
                              y no hubo cuerda que pudiera sostenerlos
cuando el hilo se acabara
                              y el último deseo quedara sin cumplirse,
sus palabras sin nadie que pudiera oírlas,
los recuerdos como única dación de lo que fue una vida,
                              un desastre,
pero bien vivido con la muerte a cuestas
                      porque la muerte siempre pertenece a alguien,
lo único concreto
                y lo único que es como un andamio bien armado
y que es de uno y no es posible, aunque se quiera,
compartirlo porque tiene rostro familiar y nombre y
        apellido
        y los blanquísimos sepulcros no alcanzan a cubrirlo
con los textos heroicos de sus lápidas mortuorias,

sus rígidas costumbres de aves agoreras
                    que predican el final del mundo,
los comienzos de una era vacía de mediciones y milagros,
tiempos corroídos desde antes que se empiece
                              a descontar el tiempo
que le queda a cada quien en esta vida,
el diario acontecer que desgasta y deja a los espíritus
al borde de caer como bultos exhaustos por tanta
        caminata
mientras cuerpos cruzan, a la manera rápida
                    que se acostumbra en los relámpagos,
las puertas celestiales que vigilan la entrada del infierno,
la sucursal paradisíaca establecida
                          en medio de los grandes tostaderos
donde la carne adquiere su sabor auténtico,
las grandes chamusquinas en que es pródiga
            la casa de los réprobos que nunca se arrepienten
de haber llevado un modo de vivir
                    poco adecuado a los cánones vigentes,
el colofón que pone el punto final a una existencia
   en la que abundan hogueras que nunca se encendieron,
las pasiones frías que dejaron el ánimo envuelto en una
        contrición
que da pena pensar que fueron entes dotados, acaso, de
        razón
pero eminentemente muertos,
cadáveres flotantes como objetos perdidos en el caos
que dio excelsitud al mundo dotándolo de bellos cuerpos,
formas ágiles y no pesados mastodontes
            que gatean con sus fusibles destrozando vidrios,
cuerpos deliciosos aunque muy volubles

que cambian de opinión a cada que una estrella

cambia de lugar en el espacio

y queda algo vacío que no vuelve a ser llenado nunca,
castas vírgenes con nociones no del todo claras

acerca del valor de la impudicia,

el ardor que sale de la carne y deja los huesos calcinados,
las muñecas que padecen un proceso agudo de

combustión

en las entrañas

y se esconden en sus buzones de juguete
a la espera de cartas que confirmen que su amor se acerca

a pasos rápidos,

la carne que se extiende como un apetitoso refrigerio

sobre el mundo,

casi carnada que se lanza al fondo de los mares
como pesca de cuerpos que olvidaron su función

auxiliadora

y solamente están flotando en lo indeterminado de la

sombra,

lo neutro de la sombra,

no la noche pero, tampoco, ninguna cuestión sólida
sino lo que se desvanece entre lo opaco
y no queda ni el menor asomo de que alguien anduvo por

ahí

buscando en los cajones recuerdos que llevarse,

lo que parece que va a ser pero se queda

como hecho de materia etérea sin decidirse a tomar

forma,

cuajar como espinazo o líquido espinal

o, tan siquiera, médula simbólica,

esqueleto que se atiene a ser el esqueleto de un paraguas

que se cuelga del brazo de un señor inexistente que sonríe
y anuncia buenas nuevas para el mundo y cuerpos que lo
            habitan,
las ilustres damas que no son exactamente cuerpos
sino un parecimiento a lo corpóreo y que lo llenan todo,
invaden todo con sus múltiples reproches
                                y quejumbres contra todo,
mochuelos estimables o derroche de fuerzas
                que el Maligno hace con el fin de impedir
que la virtud se cuele hasta las uñas del demente
                y lo fuerce a regresar a los fallidos intentos
que hizo por tener un poco de razón adicional
a la bastante sinrazón con que el creador lo había dotado
y que bastaba para no morir aplastado
                por las máquinas que dan a luz más máquinas
y se fabrican su lenguaje propio
                pero no saben expresar su inmenso desconsuelo,
su tristeza de no ser como cuerpos que hablan
                                pero, igual, se besan,
            se acarician,
se toman de la mano y los amantes beben su café
                                a muy pequeños sorbos
para que el tiempo vaya más despacio
                        y se midan en su ira los fantasmas
que no gustan que los cuerpos tengan rostros pálidos
o muestren su rubor con demasiadas muestras de
            alborozo,
gran contento por ser cuerpos del tamaño
de los altos ventanales que se abren a la noche
                                y entran nebulosas varias,
espléndidos conjuntos de cometas

que se estrechan en un enorme haz de anuncios
       luminosos
que pregonan que el amor vale la pena de vivirlo
              hasta agotar los últimos sollozos,
las últimas botellas de cerveza
          que quedaron después de que lo incierto entró
con sus maneras bruscas de tirar la puerta
y hubo que irse a otro lugar en busca de un destierro
       nuevo,
un paraíso nuevamente prometido que no llegó jamás
             pero sí abrió las llagas novedosas
que nacieron con la edad del hielo,
cuerpos-témpano o glaciares donde los cuerpos ponen
     a secar en enormes tendederos sus múltiples espantos,
sus violentas pesadillas en que puñales
        con su cara de lobeznos tristes rebanan las esferas
y las guardan en círculos cortados en muy diversas
                y curiosas formas
que parecen espejos somnolientos
que reflejan sólo los mínimos pretextos que el espacio
       pone
para no dejarse ver en su extensión entera
               sino en trozos breves,
reducidos fragmentos espaciales que complacen
a casi todo el universo que considera que una parte
            siempre es igual al todo
y aún rebasa, con creces, al total de todos los todo
          que pudieran encontrarse juntos,
       no revueltos,
no mescolanza del todo con las partes
      porque son incompatibles los unos con las otras,

no se llevan ni se hablan para un ameno intercambio
                              de opiniones sobre todo y nada,
                         vacío y lleno,
hueco simplemente hueco
                         y hueco rellenado por distintos huecos
que sintieron frío y vinieron al calor que despiden
varios huecos juntos cuando encienden el fogón
                    y beben con fervor sus vasos de aguardiente,
anís hervido en un caldero
para brujas poco amables que disfrutan lastimando
                              los más profundos sentimientos
de las gentes nobles haciéndolas subir en las escobas
                         que dan la vuelta al mundo en un instante,
                              las marean,
les hacen concebir las más grandes esperanzas
         de obtener el reino de la gloria sin ningún esfuerzo,
así sea una gloria en glorioso mal estado
o incorrecta en sus modales de auxiliar al prójimo
                    en estos menesteres de salvar el alma,
mandarla en aerostato hasta la paz perpetua
                              y olvidarse de que existe
un alma gemebunda que pena en cada curva,
cada vuelta que dan las grandes avenidas
para volver al mismo punto que les sirvió de línea de
         partida,
                         fin del viaje
porque todo quedó, al mismo tiempo,
                    demasiado cerca y demasiado lejos
y no hubo modo de llegar a tiempo
                         a ninguno de los dos extremos
por donde pasa, a veces, rápida, la salvación repartiendo

sus licores dulces,
sus aguas casi a punto de quedar benditas,
no hay remedios que expulsen los demonios
que se traen adentro y es el viento el que reclama
los restos del suicida que grazna desde el poste
como si fuera un cuervo con las alas negras
que saluda a la loca perdularia que perdió su casa,
sus poderes de bruja de farándula y trasnoche
por antros abismales
donde toca un trombón su alegre ritmo fúnebre,
su triste regocijo
por estar donde no está ningún cuerpo recordado
pero sí la vieja loca que olvidó su entusiasmo
en reclutar nuevos adeptos
para fortalecer los fundamentos del pecado,
su base teórica para la lucha en contra de los dogmas,
muertos discrepantes de su nuevo empleo
como severos muertos que no deben soltar la carcajada
al oír los disparates que los vivos les disparan,
beberse sus mezcales
a la salud de cuerpos irremediablemente idos,
nunca vueltos en barcos o gaviotas
que cayeron no muy lejos de la tierra firme,
relación de náufragos y navíos que zozobraron
en la búsqueda de islas tal vez carentes de una orientación
precisa
o faro que ilumine las derrotas que tuvieron que seguirse
para llegar al fondo,
animal disgustado que se enrosca
hacia su propia madriguera y se consume hasta acabar
vacío,

la final desproporción que abre sus puertas

                                  como último lugar de residencia

y sólo queda la carne disecada,

carne descarnada con la que un taxidermista

                  ejecuta obras maestras con los osos faraónicos

que bailan en las ferias con los niños

                          que nacen henchidos de panderos

que gritan con sus ojos ciegos,

                            sus voces arrumbadas en un baúl

que guarda toda clase de exorcismos no muy útiles

pero excelentes para hacer que los cuerpos emprendan

                                 la graciosa huida

en el muy remoto caso de que hubieran decidido regresar

                y ver con su mirada triste los renglones escritos

por el poeta en memoria de esos cuerpos que jamás

           volvieron,

quedaron resguardados en espejos que celosamente

           cuidan

                               que nadie los perturbe,

hable en voz muy alta cerca de ellos

o profese cualquier credo en que los cuerpos no ocupen

                               el sitial más alto,

no sean la luz que da cobijo al mundo,

vértebras a los señores que acabaron deshuesados

                         por andar en malos pasos,

malísimas andanzas que acabaron de manera trágica

con la actuación atrabancada del sujeto

                        que no logró entender jamás

que los cuerpos deben de tratarse con muchos

           miramientos

y no la brusquedad con que acostumbran tratar

a los metales cuando se ponen furibundos porque el
    espejo
se niega a recibirlos con su ruido de terribles furias
                    que siempre los escoltan,
guardia permanente que les cuida
            que las sombras de la noche no tomen por asalto
el último bastión que queda para refugio del noctívago
                que ve llegar la madrugada a diario
pero no escucha la voz que pudiera liberarlo
de la idea de que todo lo que empieza
                        puede acabarse de repente
y se hunde en la desesperada situación del náufrago
que sabe que hay un bote salvavidas cerca
                    que no deja que lo aborden,
se va lejos o inventa la distancia como un oscuro signo
                    de que no hay salidas,
sí monigotes que se encargan de cerrar las puertas
y ejercer el desahucio como forma de que el miedo
se instale en el lugar que ocupaban las paredes,
                        quede un hueco,
un espacio comprimido hasta el absurdo de no tener
    espacio
                para dar la vuelta y expandirse un poco
para tener un poco más de espacio y no asfixiarse,
boquear desesperadamente en lo que llegan los últimos
    glaciares,
la frialdad extrema y encontrar alivio temporal al frío
        que sale del espejo y que no trae ninguna imagen,
                no hay recuerdos,
sí un señor que camina en busca de su espectro
    y la certeza del ya-nunca que cada vez está más cerca,

más prepotente el animal sombrío que cisca desde
         adentro
                  y se lleva las grandes tarascadas del que fue
pero camina en retroceso al polvo del origen,
                        profundidad de los desquicios
las grandes hondonadas que batallan por no ceder espacio
                  a los fantasmas que llegan del subsuelo
y no quisieran perdonar ningún resquicio que sirviera
            como tabla para otorgar la salvación eterna,
todo espanta o se hiela fuertemente o genera
                              las calambrinas necesarias
que dañan la visión de los huecos
                     que se abrieron sobre todas partes
y se ilusa que son cuerpos que regresan
                           pero muy tardíamente,
muy en las hoscas rebeliones en que estallan los dementes
                              contra todo y nada
y muerden y remuerden los absurdos que se juntan
            y dan rostro de mujer a un absurdo inmenso,
                  todo abstracto,
todo nebuloso como una metafísica trascendental
            que se quedó dormida debajo de un paraguas
y vino a despertar bajo un diluvio de oraciones muertas,
casi un manual de desalojo para un fantasma
que no tenía ningunas ganas de irse pero fuese echado
calamitosamente fuera de la luz que parecía que estaba
bien sujeta por los clavos más firmes que pudieran darse
               pero no era cierto porque nada es cierto
y todo no es sino un fenomenal desquiciamiento
            del que no se escapa nada pero todo duele
y todo es como una carambola de planetas

---

o una catástrofe de gran tamaño
que desmenuza los objetos de un grosor mediano
o que no tengan una consistencia a prueba de choques
con lo cósmico,
porque, en verdad, es cierto que el espacio es vasto e
infinito
pero, a veces, topa con la pared de la cocina
donde la loca juega a que las cacerolas se parecen
a los cuerpos en que arden de repente,
se inflaman y echan fuego por la boca,
mascullan incoherencias sobre el estado de abandono
en que el amante los dejo arrumbados
y anuncian el fin del universo concebido como algo
grande y amplio
con cómodos sillones donde sentar a las visitas
que esperen la hora del crepúsculo
que es cuando los cuerpos perdonan las ofensas recibidas,
las tropelías de los dementes
que corren sin cansarse alrededor
de las esferas vistas como armarios en que se guarda
todo lo que sobra
y dañaron la buena fe de lo esferoide
que dejaba entrar al que quisiera
sin preguntarle nombre y apellido,
lugar de residencia
o por qué usan sombreros tan corrientes
en lugar de chisteras de mago
que extrae de los baúles de los cuerpos tan deseados,
la clasificación de los recuerdos según el orden alfabético
del nombre de los cuerpos
o por fecha de llegada con anexos

     sobre la fecha de la ida y recuerdos que dejaron sueltos,
pero no dejaron nada en el lugar debido,

                           desperdigaron los satélites
y los pequeños asteroides se escaparon de sus órbitas
y se fueron a jugar a los jardines

                donde el olvido duerme eternamente,
mastica la memoria en lentitud pasmosa,
la convierte en bolitas de negra plastilina y las pone a
       rodar

             para que choquen las unas con las otras,
se mareen y se olviden del papel que les toca cumplir
                       como memoria
y divaguen como divagan los planetas
       en un espacio que cada vez se hace más angosto,
     sin pensar en nada,

                  sin protestar por nada,
indiferente a las solicitudes amorosas de los cuerpos
         que buscan el placer en medio de la niebla,
se ofrecen como lugar hospitalario para guardar la paz
               que requieren los amantes,
el sosiego necesario para que las velas inicien sus
     plegarias,
         las ofrendas debidas a la luna,
las llaves del paraíso instalado en los infiernos
            que no requiere llave para entrar
pero los cuerpos ni siquiera se aproximan,
se sientan a esperar que los suicidas lleguen a buscar su
     poste,
lo utilicen del modo más correcto que les sea posible,
devolverlo luego y esperar que las tormentas
no se desesperen por la falta de los cuerpos que no llegan,

---

no gimen espantosamente por el dolor de muelas
que les troza la garganta,
les impide articular lenguaje más o menos lúcido,
audible, sobre todo,
que hable de pasión o comunique el fuego en que disipan
su vida las estufas,
los refrigeradores incrementen su amor
por la belleza de los cuerpos
y aprendan el lenguaje, difícil de entender,
con que los cirios, dialogan entre ellos
a partir de su incoherente balbuceo,
el paulatino crecimiento que logran alcanzar
hacia las formas más complejas y, por lo tanto,
más deliberadamente frías pero más culpables,
más orfandad del mundo como morada deleitosa,
placentera,
espejo que se cae de un sueño henchido de pasión
y se le quiebra el cuello
y deja de mirarse, desde su otro espejo, su cara,
también desencajada,
estupefacta de mirarse y no mirarse al mismo tiempo
ser, pero tan sólo formalmente,
no la esencia de las cosas sino la cosa en bruto,
no virtud sino retrato hablado de virtud acogotada por los
vicios,
tierra de ángeles con máscara de diablo enardecido
como señal de que demencia
se hace acompañar por las campanas,
por los ruidos que llegan de la noche
y llaman a la puerta como un espanto breve,
un miedo súbito que cubre los grandes artificios

con que el tiempo enmohece a las personas
sin que se molesten mucho aunque lo agredan a patadas,
            lo encierren en un closet y le prohíban ejercer
su oficio canallesco de abollar a cuerpos,
devastarlos hasta dejarlos hechos una casi nada o una
            nada
                que comienza apenas a tomar forma de cuerpo,
una disolución de carne que termina en una transacción
                    entre un espíritu que vaga por el éter
y la materia que se niega a convertirse
en cosa inmaterial inútil para todo objeto que no objeta
ninguna circunstancia adversa o maldición
                            que le lance un enemigo oculto,
cosa increada después de tanto supuesto renacer,
tanta criatura que volvió a la luz después de muerta
                        y nadie presentó protesta alguna
o manifestó su descontento de modo atrabancado o
            cortésmente,
nadie resucitó del reino de las sombras
                            y exclamó con voz potente:
            —¡He vuelto, contemplen mi reencarne!,
                    y cuerpos que jamás reencarnan,
involucionan de la forma al hueco,
de lo perfecto a lo imperfecto aunque también
                            hay huecos bien logrados,
                muy bien hechos,
como muestra de que los huecos pueden llegar a ser
            perfectos,
o creados para-sí desde su propia forma
            y lo creado a partir de una formación ya dada,
forma hecha, deshecha y contrahecha

para servir de molde a otras formas más espurias,
formas que no guardan la pureza que debieran de guardar
todas las formas,
las inhóspitas que ocultan sin rencor
bajo maneras más sutiles,
las mañas guarecidas debajo de las máscaras que sonríen,
desatinadas, todo el tiempo,
sin razón alguna,
sin dictar cátedra ninguna de elegancia o de modales finos
para ver de frente los rostros elegidos,
los rostros congelados que no se quedan fijos
adentro del espejo sino que siempre son huidizos rostros,
huidez insoportable de cánidos en fuga permanente,
las perrunas estatuas que vigilan que el desvelo
dé de vueltas, sin cesar,
por los cuartos que quedaron solos,
perturbados en lo más hondo de su ser
por el estado de abandono en que se fueron quedando
los recuerdos,
como amnésicos sujetos
que tienen lo vacío como única memoria
o maneras que deben de encontrar para vivir
sin nada que los ate a nada,
suspensos sobre nada,
soportación de los olvidos que no acaban de llegar
pero tampoco de irse o se van y se regresan,
se quedan en la puerta que no es puerta sino sólo un
escondrijo
donde nadie cabe o pronuncia una palabra de fervor
hacia las formas que se hicieron perdedizas
y, luego, no encontraron el camino

que podía llevarlas lejos,
                    traerlas cerca,
                              desbandarlas,
buscarles un lugar donde pudieran mantenerse quietas
                    o girar todo el tiempo que quisieran,
                    pero adentro,
nunca en las afueras del espacio
                    que está dentro del espacio grande,
regreso de los crueles magos
          que sacan del sombrero cuerpos hace mucho idos
y los exhiben delante del demente como si fueran fuego
          vivo,
                    incendio peligroso,
llaga que todavía lastima o cicatriz que, acaso,
                              nunca termine de cerrarse,
          sigue abierta,
sigue ferrocarril circunvalando al mundo
                    en busca de los cuerpos,
tranvía ferruginoso que canta a medianoche
                    sobre vías ya muertas,
los caminos que no llevan a ninguna puerta,
                    ningún desfiladero,
ninguna tienda de abarrotes donde vendan vino de sabor
          marchito,
alcohol para suicidas que prometen regresar mañana
                    a sus quehaceres póstumos,
                    penumbrosos,
          como penados por amor en una forma drástica,
                    lluviosa,
como niebla que necesita desesperadamente decir algo
          pero no encuentra las palabras y se queda muda,

mordiéndose las uñas,
titubeando entre llamar a los bomberos
    o dejar que los incendios lo calcinen todo,
  paz perpetua,
      cese de la guerra contra cuerpos idos,
de la persecución hacia los cuerpos que se esconden
        más allá de lo ido,
sombras que jadean hacia lo oscuro del espejo,
       lo propio del espejo,
    la espejeidad,
    que no es sino la imagen que cada espejo tiene
       de sí mismo
y no la que se cree que pertenece a los espejos,
falsa imagen de cuerpos que aparecen sólo en lo de afuera
      del espejo,
lo superfluo que aleja a los intrusos que quisieran penetrar
    en los misterios que ocultan los espejos
como el misterio de los cuerpos que jadean
     en los adentros del espejo
como jadeos que llegan del fondo del infierno,
cuerpos que se asan en los placeres que el infierno ofrece,
jardines invernales donde todo arde pero todo es frío,
     todo tiembla pero caen mortajas,
sábanas mortuorias que fungen como velas para barcos
      que no distinguen cuerpo
de sombra abandonada por los cuerpos
     que destierran sombra,
   despellejan sombra,
    rostro de los vivos,
imagen de los muertos que descienden sobre flamas secas,
resaca del infierno que no encuentran cobijo y arden

solas,
truecan figuras del azar por un destino más o menos
      cierto,
cierta seguridad acorralada en los rincones oscuros de la
      casa,
las ventanas donde duerme la señora que platica con los
      vidrios
y cuenta los fantasmas que habitan la cocina
                y vuelve a recontarlos y siempre falta uno,
se le escapa por hoscas madrigueras que comparte con los
      ulules
que los búhos abandonaron en su vuelo,
                        ulule que te ulule huyeron
como los cuerpos que también ululan
cuando van camino del infierno y cantan a plena
      vanagloria,
a grandes pulmonadas cantan
   como canta la tétrica lechuza con grandes aspavientos,
grandes ruidos de señora que se ahoga entre su propio
      llanto
o un navío de guerra que dispara hacia sí mismo sus
      cañones
     y hunde a su prole amenazante de pequeños barcos,
pequeños círculos que se almacenan en las bodegas
                  de los grandes barcos
y los hacen perder el equilibrio
          y acaban navegando debajo de las aguas,
arriba de las nubes pero al margen de las lluvias
     torrenciales
   que provocan que los cuerpos magnifiquen su alegría
y loen a los espíritus que los convierten

en cuerpos magnamente hermosos,
espléndidas criaturas que se aplauden sin rubor alguno
y desconciertan la terrible seriedad
tan distintiva del planeta Tierra,
lo conmueven, pero raras veces se siente satisfecho
tantísimo metal que sufre por no tener humor para bailar
al son que los tornillos, en pleno desajuste, danzan,
gritan,
estertoran y reciben suntuosos funerales,
célebres sepelios para una fauna casi extinta
de animales azorados que olvidaron sus símbolos
y palpan como ciegos las paredes y no hay nada
y buscan un poco de quietud para expresar su angustia,
algo de calma para buscar los nuevos signos
que la muerte casi nunca trae cuando llega hasta la puerta
y llama pero no hay nadie detrás de la llamada,
sólo un Cero que pregunta
si alguien quiere acompañarlo para un paseo muy largo,
una excursión a los cimientos mismos de lo-Otro,
pero no se admite nada de equipaje,
sí crispadas ceremonias del adiós que se aleja de la mano
del olvido
y deja los recuerdos cayéndose de herrumbre,
los trombones con su marcha fúnebre y su andar cansado,
su innecesaria prescindencia de imágenes de cuerpos
que sustituyan a los cuerpos reales,
lo concreto en vez de lo impalpable que lo abstracto jala
como una consecuencia de no tener presencia firme,
su gusto por la historia de lo que no ha sido creado
todavía,
lo destruido y lo que falta por destruirse,

los señoríos de la noche y de la nada
                                que avanzan como furias ciegas,
dementes irascibles que arremeten
                                contra sus propias furias ciegas,
la luz descomunal que retrocede
                                y deja a todos crujiendo en las paredes,
maldiciendo a las paredes por ser tan sólidas
                                que no pueden derribarse de un soplido
que viaja solitario por el mundo y nadie lo ata,
pero nada es cierto y todo se desplaza hacia ninguna
            parte,
                                fomenta lo vacío,
la construcción de edificios fantasmales
o libros en que se habla de cómo traspasar la niebla
y extraviarse en esos espejos laberínticos
                                que cada cuerpo forma,
cada diversa situación que se establece en cada cuerpo
                que se abre y llega un aire estremecido de fervor
que hace que el fuego tome nueva fuerza
                                y todo arda y todo se consuma
porque el espacio sigue siendo un sitio frío,
una congeladora en que los cuerpos se transmutan
                en una especie de incendio cercado por espinas,
                gozo elemental,
                                salvaje,
de animal violento que se lanza sobre todo cuerpo
                                y abre muslos y penetra nalgas
y sacude las húmedas neblinas que quedaron colgando
                                de la almohada
como islas que parecen cuerpos y cuerpos que semejan
        islas

que navegan,
barcos que dejaron que una gris melancolía
los mantuviera atados a los muelles,
no zarparon,
se volvieron suelos tragados por abismos,
gargantas que gritaban pero en vez de voces
produjeron ruidos que despiden miedo,
reproducen miedo que asusta a las navajas que, alguna
vez,
quisieron ahuyentar al miedo pero no pudieron,
no encontraron lugar donde encerrar al miedo,
degollar al miedo,
arrancarle su cabeza de perfil lodoso y echársela
al gozante beneplácito del señor
que fabrica los herrajes requeridos
para causar la mayor de las torturas al adicto,
a la más estricta ortodoxia que enseña la lujuria,
teoría y práctica conjunta sobre cuerpos que arden
y generan pebeteros que, a su vez, encienden más
hogueras,
más pasiones que no logran superar más nunca
el estado de agonía
en que queda el cuerpo nunca satisfecho,
nunca lleno o siempre lleno
pero siempre colmado de vacío por los sentidos
que se aguzan y piden algo más de sed y menos agua
cuando el tacto circula en la pureza de las formas
que se fueron lejos,
no hay caminos que lleven a la noche ni los espejos se
abren
para esperar la luz que siempre llega tarde o nunca llega,

diosa oscura que padece amnesia y no recuerda nada
                                    del grito que absorbió la carne,
inhóspita ternura en cuerpos que se van enfriando el
        alma,
                        se queda lo chamusque,
pero tirita la conciencia como un aviso grave de que lo
        helado
                                            lo circunda todo,
vuelve hielo el ardor de las hogueras
                y los cuerpos que buscan el calor de las hogueras
como el espanto cuando siente frío y se refugia en el
        sonido
                                que sueltan las campanas
pero nadie considera que los locos
                                puedan ser bastante razonables
cuando se habla de fantasmas que atraviesan las paredes
                                    sin ningún problema
o de cuerpos que no se atreven a volver
                        porque le tienen miedo al miedo,
pavor a los espíritus malignos que se adhieren a sus
        víctimas
                        hasta cubrirlas con una capa negra,
una especie de pellejo extra que se adhiere a sus víctimas
                            hasta cubrirlas por completo
y las vuelve impermeables a cualquier requisición
                        que quiera hacerse de sus cuerpos,
las inhibe como fuerza motriz de la energía del cosmos,
las retrae a las oscuras eras en que la luz comenzaba
                        a conformarse como algo luminoso
y funcionaba con modos imperfectos,
era gris opaco o color de cuervo rufianesco

que mira hacia la nada
y lo ve todo en claroscuro o, más bien,
con un negror que no permite inteligir
si se quedó algún cuerpo atrapado en el desván
donde se guardan los baúles que recogen
los escombros de la última batalla
porque afuera se quedaron los lastimes dando vueltas
en torno de un espejo roto,
un fragmento de vidrio ensimismado que no alcanzó a
irse
y se incrustó con la furiosa mansedumbre
que hizo que la pena barbotara algo que no logró
entenderse,
sinopsis del caído o síntesis escueta del desastre
que llegó con un hervor de ola entristecida
que no supo refrenar las ansias de poseer un cuerpo
que crecía en la sombra,
cuerpo amargo, pero memoria duradera,
fuego sin su flama adentro,
pero el hielo quema o desmenuza los tablones
que apenas se esbozaban como puente que ayudase
a salvar un ánima perdida de caer en el abismo,
precipitarse en los vacíos horrendos
que exageran sus gestos de pavor
con el único objetivo de que crezca en los suicidas el
ánimo
y entonen el canto de los locos
que alumbró el grito que cruzó la noche
y se volvió un cadáver de fantasma con calambres
que corría como un desesperado por los parques
que funcionan después de medianoche,

alambrón a punto de venirse abajo

y morir de tanta pena que lo oxida,

tanta varilla que no encuentra acomodo

en constricción alguna y enviuda de tristeza,

cascajo acumulado que no halla su resane ni un hueco

que lo salve o lo condene,

da lo mismo tomar una medida precautoria contra

incendios

que agonizan y renacen, casi al mismo tiempo,

que contemplar a los ahorcados

cuando se funden con las lámparas,

se apagan pero dejan una luz que apenas puede verse,

sí tocarse y arde como cuerpo,

se ausenta como cuerpo,

genuflexiona como cuerpo,

pero no son cuerpos que saludan sino péndulos que

oscilan

mientras pasa el tiempo

o no sucede algo de muchísima importancia

que merezca la atención del tiempo

y corra más que de costumbre,

se adelante, incluso, y llegue al lugar de la tragedia

antes de que ocurra la tragedia

y pierda miserablemente el tiempo

esperando que suceda algo,

mientras cuerpos continúen adentro de los círculos

que escapan de una esfera enceguecida que huye

de lo esférico que gira en el espacio giratorio de los

cuerpos

que se van y que regresan de lo lleno a lo vacío,

de lo vacío a lo lleno,

quejándose de todo porque todo vuelve a ser campo de
      batalla,
la forma original en que el conflicto nace,
                                   se propaga,
cosa contra cosa y cuerpo contra cuerpo y contra cosa,
                  tiempo en contra,
desgaste de los pernos y los péndulos
                  que se corroen de tétrica manera,
yendo y regresando como personas inmutables juega y
      juega
a que no suceda nada y todo permanezca quieto,
                                   estable,
juego inteligente como muerte que apuesta contra muerte
              y gana la partida aunque pierda a veces,
porque la muerte tiene uñas muy largas y, en ocasiones,
                          se lastima sola,
muerte muere y los tambores emiten mucho ruido,
emiten mucha muerte y la frialdad se escapa por las
      puertas
              y ocupa un majestuoso territorio de carbones,
un ácido paisaje que se esconde detrás de una mirada
que se oculta en un espejo deformado
                  por el revés de los espejos,
los otros lados que el espejo ofrece
                  para ayudar a los que quieran escapar
y acaben más perdidos que al momento de su ingreso
y destruyan todo indicio de que tuvieron existencia
        y carecen de toda posibilidad de tenerla nuevamente,
                  no los cuerpos,
aunque ciertos cuerpos pareciera
                  que hablan volcados al vacío,

suenan difusamente idos
y se muestran bastante suspicaces
en lo que toca a referirse a lo pasado,
los tiempos del espectro que usaba los tranvías nocturnos
y bebía cerveza en honra de los cuerpos que recién
nacían,
los pálidos difuntos que se van y dejan pocas huellas,
pocos rastros de lámparas
que alumbren las pérdidas corpóreas
que se fueron dejando diminutas llamas,
tristes voces que acabaron por no oírse,
hablaron en silencio como un susurro de los focos
que dieron sus últimos temblores y acabaron ciegos,
hechos lío con tantísima ruindad de lo celeste
donde lo hundido pierde forma
y se provocan fuertes hundimientos del piso celestial
que, de esta forma, se convierte en techo del infierno,
escalera que perdió escalones a fuerza de caídas
y no hay modo de bajarla
según se quiera ir del sótano a lo alto
que acaba siendo el sótano de lo que está más alto,
no hay principios pero, tampoco, los finales están
en donde uno presume que estarían
y se va de largo hasta que llega a un absoluto
que siempre muestra su peor talante,
su rostro de hígado bilioso que suspira
cada vez que el vinagre se le acaba
y tiene que buscar en dónde reponerlo
para seguir con su obra de desgaste,
su roer de formas que quedaron sueltas,
sin contacto con formas más menudas

o que optaron por brillar de un modo discontinuo,
como brillan los ángeles descabezados
que presienten que el miedo se les quedó atrapado en la
garganta,
el pánico en los ojos que lloran gruesos lagrimones,
espíritus confusos como un profeta hipocondríaco
que se desmaya al oír su propia versión apocalíptica,
su atarantada forma de explicar el fin del mundo,
las catástrofes que llegaran un día u otro,
y todo acabará en un momento de modo inevitable
como cuerpos que no padecen ya su cuerpo,
sólo alumbran con una luz tan débil
que más bien producen sombra,
la esparcen de manera voluntaria por el mundo
como seguridad de que el profeta le acertó en su juego
y todo se remata,
el mundo se liquida con todo y pobladores,
todos con sus casas dentro,
con sus básculas,
los agujeros que les cuelgan fuera,
su tendencia a convertirse en cosas,
objetos huecos de sapiencia,
no amorosos,
más bien el negro peso de la noche encima,
las negras profecías que vuelan como cuervos
o los circos voladores con amenos actos
para un final que llega con gigantes pasos,
las nobles bestias que agonizan quietamente
con la bestial dulzura que siempre las protege,
dóciles personas con la lluvia ladrándole en los huesos,
las tibias vueltas hacia adentro pero heladas

como un camino más hacia la muerte,
los pozos insondables como el misterio

que rodea a los cuerpos,
las densas profecías,
los jinetes que penetran en la noche y la convierten en
lugar

en el que nada sobrevive,
todo galope cesa y sólo queda lo ingrávido del viento
que solamente pasa y no se adhiere a parte alguna,
ninguna superficie o plano que resuelve volverse
sedentario

en lo que el mundo finaliza su tarea
y todo muere como catástrofe anunciada
con fondo de música celeste que resuena como mugido
de animal al borde del maltrato,
esferas que reclaman la libertad de ser tan sólo esferas
libres,
no cuidadoras del desorden que impera en lo vacío

pero, tampoco,
soldados que vigilen que haya orden y respeto
a lo que no es vacío pero no está del todo lleno,
las medias noches que nunca dejan satisfecho a nadie
pero que a todos les complacen mucho
porque no hay ahogados
y los náufragos zozobran pero las coladeras los detienen
justo a tiempo,
los bendicen cariñosamente y, luego,
los arrojan sin piedad al fondo del océano,
pasto para monstruos o fantasmas
que se beben una tan exigua cantidad de agua
que la mar nunca termina de secarse,

sigue siendo agua aunque cada vez con más sal
y menos capacidad de raciocinio acerca de los males
    que la sal ingerida en grandes cantidades trae consigo,
        sala cuerpos y los deja secos,
bien salobres y bastante malos para dar un buen mordisco
        porque los dientes castañean
como la carta de un suicida que no supo explicar
por qué se suicidaba y le quedó rugiendo
        adentro un montonal de cosas rotas,
        espejos destrozados,
cuerpos que pasaron como una exhalación
      y no quisieron detenerse para que, al menos,
quedara un buen recuerdo de ellos
y no un poema interminable de amor también
    interminable
en que el gemelo que huye del acecho de sus dobles
se encuentra con el otro en el momento más inoportuno
      y ambos parten en busca de los cuerpos,
pero ya no hay cuerpos y el poema no puede terminarse
porque los cuerpos deben regresar hacia el final del
    poema
        y hacer como que salvan al suicida,
o protegen con brazos amorosos
        y no hace falta terminar el poema
ni perder el tiempo en escribirlo
        porque los cuerpos no se fueron nunca,
estuvieron siempre al lado del amante como cuerpos
    fieles,
formas amantísimas que aprendieron pronto
a guardar distancia respetable de los sueños del demente,
las turbulentas imágenes que pasaban por su mente

cada vez que un cuerpo se acercaba y parecía dispuesto
                              a hacerle compañía
pero las luces rojas del semáforo lo empujaban a seguir su
            viaje,
no bajar velocidad sino aumentarla para escapar lo antes
            posible
de los círculos que amenazaban encerrarlo sin dejar salida,
                      casi ahogarlo en posesión completa,
      pero nada es cierto,

                              cuerpos juegan a que escapan
                  pero quedan,
así sea como sombra untada en la memoria
                  y no funcionan como tablas salvadoras
o hacedores de milagros que rescaten ánimas
                        de los oscuros pasadizos que conducen
                              a una soledad abrumadora,
una ejemplar dedicación a desgarrarse la conciencia
        sintiendo que la culpa forma parte sustancial de uno,
                        viene de uno,
nace de uno como una mancha más de identidad
que indica que se sale de la fábrica como un producto
            único
pero débil e incapaz de resistir la tentación
                  que los cuerpos traen como su sello propio,
las propicias formas al delito que la carne adquiere
                  y goza en proclamar como virtud excelsa,
premio a los afanes lujurientos que consumen tiempo
                        de una manera irreprochable
y demuestran que la pasión termina solamente con la
            muerte,
aunque nada es cierto sino la sensación de que los

muertos

no regresan nunca aunque, a veces, se aparecen, de
        repente,
sentados en la sala y fumándose un cigarro,
bebiendo su mezcal como si de ello dependiera el seguir
        muertos
y bajar a los infiernos a pudrirse lentamente o ascender al
        cielo
y estar junto a los cuerpos tañedores de arpa,
ángeles carbonizados por los rayos

                        que un amante despechado
les mandó a modo de una despedida posiblemente atroz,

                                pero precisa,
para dejar constancia del furor que le devora las entrañas,
                muertos musitantes,

                                plegariosos,
casi a punto de acabar pero no del todo,
algo queda o suena como eco que sale de otro eco
                que apenas puede oírse cavilar a solas
con su sombra un tanto apergollada,

                        disminuida,
sombra de mochuelo que se alista para irse
                        con los ecos y las voces
que se estaban yendo desde antes
        que lo ido adquiriera la importancia que ahora tiene,
suicida es el que pierde las junturas y se destroza
                        sin casi darse cuenta,
palabras desjuntadas que no articulan nada,
desmemorian todo y nadie encuentra la pieza
que le falta para sentirse parte de algo
        y no un conjunto de vacíos que juntan su vacío,

como el suicida que se encuentra solo ante la nada,
                    el vacío absoluto,
          terrible masa oscura que deglute todo,
chupa todo hacia una cacerola ardiente,
un asadero donde los cuerpos se corrugan fritos en aceite,
                    se estremecen de tanta calentura,
arden y nada es, hablando en propiedad, el todo,
y sólo queda la certeza de que el mundo, sin los cuerpos,
                    deja de ser mundo,
se convierte en un espacio sin figura alguna
y sólo quedan los fantasmas en giración perpetua
                    en torno de las velas,
los calderos que entran en un estado agónico
                    y dejan de hervir agua,
y quedan a modo de morir estando vivos
                    pero de modo duramente lento,
interminable lentitud que se convierte en inclemencia
                    que se expande
y determina que cierta forma de extravío
          caiga sobre el espíritu y confunda, aún más,
la extravagante visión que ya tiene de los cuerpos
          como dadores de algo semejante a paz
que desespera a los malignos seres
          que rondan por los cuartos en la noche
y los convierte en hosquedal que es incapaz de proteger
                    a quien lo habita,
sino, más bien, la empuja hacia un afuera
en el que no se encuentra jamás a alguien
                    con quien fumarse un cigarrillo,
sólo el suicida que se come a sí mismo a dentelladas
          pero reúne los pedazos y vuelve a devorarse y, así,

hasta que la eternidad decide darse por concluida,

ser finita

y convertirse en círculo que vuelve, siempre, al mismo
punto,

la misma dimensión imaginaria en que el insomne

se entretiene en la lenta masticación de los recuerdos

con que intenta, pero vanamente,

detener al tiempo o hacerlo galopar más lento,

volverlo más a favor de todas las quietudes

que requiere la memoria

para que no se olvide ni el menor detalle

y todo quede como estando cuando estaba vivo,

pero todo va muy rápido y empujona a los espejos

hacia una matazón de las imágenes corpóreas

que aún se asientan en la atroz disformidad

que viene cuando los cuerpos se disgregan

y dejan de ser cuerpos,

se vuelven como hachones luminosos que custodian

el mundo de los mitos

o ejecutan las prácticas rituales que salvan, o condenan,

al amante

a esa conflictiva situación que se presenta en los fastos del
encuentro

y, también, en los quebrantos de la pérdida,

el aire que sopló de pronto y arrojó los cuerpos entre
sombras

dejadas por otros cuerpos que pasaron sin siquiera
detenerse,

otras desgarraduras que se escaparon de su pánico

y fueron a caer en otro,

más profundo,

mucho más pánico que el que ya estaba desde antes,
mucho más miedo que el que flotaba en las orillas del
        espacio
como llegado de una muerte insomne
        que se presenta de improviso con los ojos turbios,
las manos enguantadas como espadas listas para el corte,
serrucho que desplaza a la mujer amada
                            más allá de su cuerpo,
más hacia el fondo de su propio cuerpo
                        donde está su imagen,
                semioculta,
también como rasgada
            por ciertas heriduras que habitan en la noche,
los pequeñísimos desastres que quedaron de los cuerpos
                            y navegan
en la terrible incertidumbre de si aún son cuerpos
                        aunque sólo sean sus restos
o sólo es una vislumbre del vacío que acecha
                    cuando se acaban las tinieblas
y no hay nada que ayude a concebir otro espectáculo
que el de los varios antifaces que saludan
fugazmente a las últimas visitas que llegaron,

                            pero ya muy tarde,
a las exequias de las partes más estrictas
                    que los volúmenes dejaron caer
como si no les importara mucho perder parte de su peso,
el grosor voluminoso que los torna en una especie
        geométrica,
en ocasiones demasiado incómoda
para llevar de un lado a otro y que resultan, casi siempre,
ser objetos poco dados a transmitir mensajes amorosos

sin alterar su contenido por completo,
difamar a cuerpos, diciendo que no son cuerpos
            plenamente bellos
sino a medias bellos,

                        no perfectos,
sino con graves fallas en lo que toca al acabado corporal
                    que termina sufriendo graves daños,
las porciones cárnicas no siempre equidistantes entre sí
                        y que pueden crear la falsa idea
de que la tal desproporción equivale a un error de cálculo
                        en el proceso de la hechura
y no una mala fe impensable
                    en el creador de todo lo que existe
y lo que, todavía, no existe,
la materia sutil que permanece, hasta la fecha, increada,
pero con ciertas posibilidades de volverse material
            tangible,
la música que llega como vértigo del fondo del vacío
                            y se apaga
al entrar en el círculo mayor
generador de lo vacío,
                causa y efecto del vacío
donde éste incrementa su volumen y lo lanza, después,
                        para vaciar lo lleno,
desnudarlo de tanta vaciedad que lo repleta todo,
tanta cosa que aplasta tanto cuerpo y tanto cuerpo
                que parece mercancía con tanta cosa encima
y tanta sábana que se adormila sola,
                    sola debate sus íntimos pesares,
su deslumbrada cualidad de cuerpo enamorado,
cuerpo poseído como lava ardiente de volcán en erupción

       continua,
perennidad de las hogueras sobre cielo oscuro,
                           desgajes de la noche,
lámpara que se apresura pero llega tarde y no hay ya nada
que alumbrar o que deba quedarse sin luz perpetuamente
porque lo oscuro es lo más terrible que pueda concebirse,
           darse como obsequio a un suicida en ciernes,
un hombre a punto de morir
                 que se traslada en patineta a los infiernos
y multiplica devociones por los cuerpos vivos,
rezos por los muertos
            que dejaron muy atrás los ritos de la carne,
las jocundas declaraciones que el amor provoca
           cuando pasa y crea la agradable sensación
de que lo inhóspito puede volverse un sitio confortable
y no lugar donde los cuervos aprenden a graznar
                     su tono lúgubre,
aguas lóbregas que se detienen ante el muro
                de los huesos rotos
        que viajan de un osario a otro sin tener descanso,
abismo tras abismo y sólo encuentran abismos
     que se abren adentro del abismo que recién pasaron
cuerpos abismales que no acaban de entenderse nunca,
        conocerse nunca,
mundos que se encierran en cajón de muertos
y asustan a los vivos como los cuerpos vivos asustan
               a los vivos/muertos,
los hipantes hipocondrios que viven en salmuera
     y ostentan mordeduras de cadáver que aún camina,
muertos quietos como mundo quieto
envuelto en un sopor agónico,

fallecimiento trasegado por una vida absurda,
casi gesticulante calavera que baila encaramada en una
      escoba
o cadáver que despide hollín por todas sus junturas
              y echa humo por una boca flácida,
sonrisa de difunto que no sabe sonreír ni acepta bromas
                 sobre su triste aspecto cadavérico,
faz desangelada de cristal cortado a pétreos navajazos,
costillares curiosamente retocados con emblemas
      mágicos,
           esoterías para el Día del Juicio,
maniobras fraudulentas para impedir
que los cuerpos resuciten y regresen a los brazos
             del amante que, con toda la impaciencia
que es posible sostener en esta vida,
                los espera ansiosamente,
amor desesperado de ávida esperanza de que vuelvan,
      permanezcan,
           salven,
              detengan esta huida,
no me dejen caer en tentación de muerte
         y terminar graznando como cuervo
en lo alto de los postes y todo movimiento cesa,
toda formación termina por caer entre esferas que
      revientan
y estentóreos gritos que no logran apagar los fuegos
que quedaron encendidos como un absurdo más
      del Gran Absurdo que royó hasta casi consumir,
la de por sí al borde de caer exhausta,
           conciencia del sujeto peculiar
que decidió que su última jugada llegaría hasta el fondo

aunque esto fuera causa de su pérdida mundana,
lejos todo,
                    remotamente perdulario todo,
abandonado todo como el fortuito encuentro con María
que trastocó los elementos básicos
          con que el insomne procuraba mantenerse en vilo,
pero entero

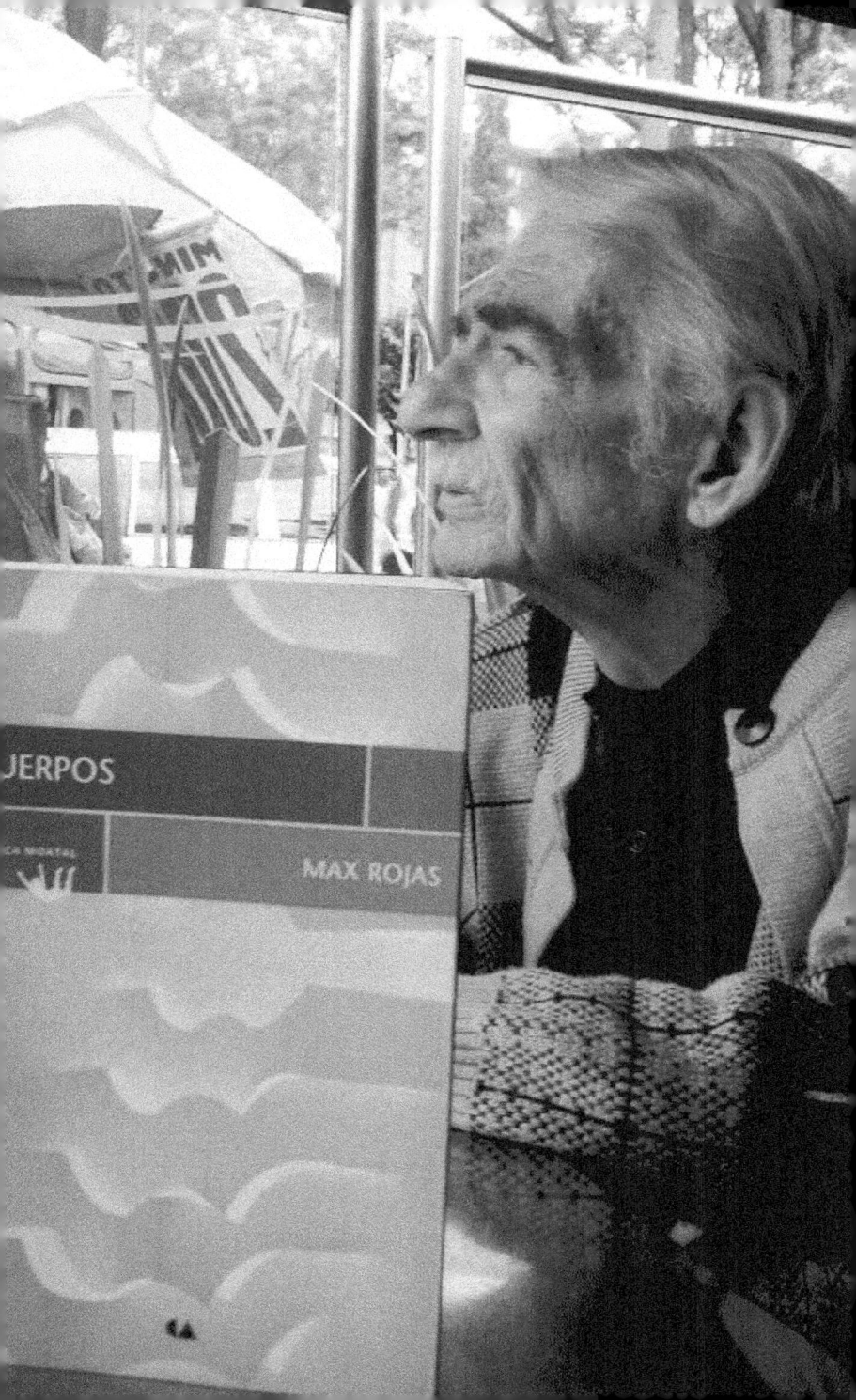

ACERCA DEL AUTOR

Max Rojas (Ciudad de México, 1940-2015). Fue poeta y gestor cultural. Realizó estudios de Filosofía en la Facultad de Filosofía y Letras de la UNAM. Se desempeñó como director del Instituto del Derecho de Asilo-Museo Casa de León Trotsky, durante el periodo 1994-1998; colaborador en el área de Difusión Cultural de ANUIES; coordinador editorial de Grupo Editorial Resistencia. Desde los 18 años militó en el Partido Comunista Mexicano, en donde se involucró en diversas faenas como redactor y editor de comunicados, discursos y panfletos, fue un férreo defensor del sindicalismo, junto a su amigo, el relevante filósofo marxista, Carlos Pereyra Boldrini (1940-1988).

Es autor de los libros de poesía: *El turno del aullante* (1ª Edición: 1971); *Ser en la sombra* (1ª ed., 1986); *Cuerpos uno: Memoria de los Cuerpos* (Verso destierro/Asociación de Escritores de México A.C., 2008); *Cuerpos dos: Sobre Cuerpos y Esferas (Literal/AEMAC, 2008)*; *Cuerpos tres: El Suicida y los Péndulos* (Fridaura/AEMAC, 2008); *Cuerpos cuatro: Prosecución de los naufragios* (Generación espontánea/AEMAC, 2009); los cuales se reúnen junto a *Cuerpos cinco* y *Cuerpos seis* en el libro *Cuerpos* (CONACULTA, Col. Práctica Mortal, 2011), primer tomo de cuatro que reunirá el poema de 25 apartados. Asimismo se publicó el libro recopilatorio *Obra Primera (1958-1986)* (Malpaís ediciones, 2011).

Poemas suyos han sido publicados en diversas antologías como: *Poetas de una generación (1940-1949)* (UNAM, 1981); *Dos siglos de poesía mexicana. Del XIX al Fin del Milenio*

(Editorial Océano, 2001); *Anuario de poesía mexicana 2006* (FCE, 2006); *Palabras en poesía. Diccionario poético por 50 poetas mexicanos* (Siglo XXI, 2008); *El oro ensortijado. Poesía viva de México* (Ediciones Eón/Secretaría de Cultura de Puebla, 2009); y *Antología General de la Poesía Mexicana. De la época prehispánica a nuestros días* (Editorial Océano, 2012).

Miembro del Sistema Nacional de Creadores de Arte del FONCA en los periodos (2005-2008) y (2010-2013). Obtuvo el Premio Iberoamericano de Poesía Carlos Pellicer 2009 para obra publicada por el libro *Cuerpos uno: Memoria de los cuerpos*.

ÍNDICE

Los testimonios del ahorcado
(Cuerpos siete)

Introducción / Iván Cruz Osorio • 11

Los testimonios del ahorcado (Cuerpos siete) • 15

Acerca del autor • 205

Colección
VIVO FUEGO
Poesía esencial
(Homenaje a Concha Urquiza)

1
Ecuatorial / Equatorial
Vicente Huidobro

2
Los testimonios del ahorcado (Cuerpos siete)
Max Rojas

Colección
CUARTEL
Premios de poesía
(Homenaje a Clemencia Tariffa)

1
El hueso de los días
Camilo Restrepo Monsalve

-

V Premio Nacional de Poesía
Tomás Vargas Osorio

2
Habría que decir algo sobre las palabras
Juan Camilo Lee Penagos

-

V Premio Nacional de Poesía
Tomás Vargas Osorio

Colección
PIEDRA DE LA LOCURA
Antologías personales
(Homenaje a Alejandra Pizarnik)

1
Colección Particular
Juan Carlos Olivas

2
Kafka en la aldea de la hipnosis
Javier Alvarado

3
Memoria incendiada
Homero Carvalho Oliva

4
Ritual de la memoria
Waldo Leyva

5
Poemas del reencuentro
Julieta Dobles

6
El fuego azul de los inviernos
Xavier Oquendo Troncoso

7
Hipótesis del sueño
Miguel Falquez Certain

8
Una brisa, una vez
Ricardo Yañez

9
Sumario de los ciegos
Francisco Trejo

10
A cada bosque sus hojas al viento
Hugo Mujica

Colección
CRUZANDO EL AGUA
Poesía traducida al español
(Homenaje a Sylvia Plath)

1
The Moon in the Cusp of My Hand /
La luna en la cúspide de mi mano
Lola Koundakjian

2
And for example / Y por ejemplo
Ann Lauterbach

3
Sensory Overload / Sobrecarga sensorial
Sasha Reiter

Colección
MUSEO SALVAJE
Poesía latinoamericana
(Homenaje a Olga Orozco)

1
La imperfección del deseo
Adrián Cadavid

2
La sal de la locura / Le Sel de la folie
Fredy Yezzed

3
El idioma de los parques / The Language of the Parks
Marisa Russo

4
Los días de Ellwood
Manuel Adrián López

5
Los dictados del mar
William Velásquez Vásquez

6
Paisaje nihilista
Susan Campos Fonseca

7
La doncella sin manos
Magdalena Camargo Lemieszek

8
Disidencia
Katherine Medina Rondón

9
Danza de cuatro brazos
Silvia Siller

10
Carta de las mujeres de este país / Letter from the Women of this Country
Fredy Yezzed

11
El año de la necesidad
Juan Carlos Olivas

12
El país de las palabras rotas / The Land of Broken Words
Juan Esteban Londoño

13
Versos vagabundos
Milton Fernández

14
Cerrar una ciudad
Santiago Grijalva

15
El rumor de las cosas
Linda Morales Caballero

16
La canción que me salva / The Song that Saves Me
Sergio Geese

17
El nombre del alba
Juan Suárez

18
Tarde en Manhattan
Karla Coreas

19
Un cuerpo negro / A Black Body
Lubi Prates

20
Sin lengua y otras imposibilidades dramáticas
Ely Rosa Zamora

21

El diario inédito del filósofo vienés Ludwig Wittgenstein /
Le Journal Inédit Du Philosophe Viennois Ludwig Wittgenstein
Fredy Yezzed

22

El rastro de la grulla / The Crane's Trail
Monthia Sancho

23

Un árbol cruza la ciudad / A Tree Crossing The City
Miguel Ángel Zapata

24

Las semillas del Muntú
Ashanti Dinah

25

Paracaidistas de Checoslovaquia
Eduardo Bechara Navratilova

26

Este permanecer en la tierra
Angélica Hoyos Guzmán

27

Tocadiscos
William Velásquez

28

De cómo las aves pronuncian su dalia frente al cardo /
How the Birds Pronounce Their Dahlia Facing the Thistle
Francisco Trejo

29

El escondite de los plagios / The Hideaway of Plagiarism
Luis Alberto Ambroggio

30

Quiero morir en la belleza de un lirio /
I Want to Die of the Beauty of a Lily
Francisco de Asís Fernández

31
La muerte tiene los días contados
Mario Meléndez

32
Sueño del insomnio / Dream of Insomnia
Isaac Goldemberg

33
La tempestad / The tempest
Francisco de Asís Fernández

34
Fiebre
Amarú Vanegas

Colección
PARED CONTIGUA
Poesía española
(Homenaje a María Victoria Atencia)

1

La orilla libre / The Free Shore
Pedro Larrea

2

No eres nadie hasta que te disparan /
You are nobody until you get shot
Rafael Soler

3

Cantos : & : Ucronías / Songs : & : Uchronies
Miguel Ángel Muñoz Sanjuán

Colección
SOBREVIVO
Poesía social
(Homenaje a Claribel Alegría)

1
#@nicaragüita
María Palitachi

2
Cartas desde América
Ángel García Núñez

3
La edad oscura / As Seen by Night
Violeta Orozco

Colección
TRÁNSITO DE FUEGO
Poesía centroamericana y mexicana
(Homenaje a Eunice Odio)

1
41 meses en pausa
Rebeca Bolaños Cubillo

2
La infancia es una película de culto
Dennis Ávila

3
Luces
Marianela Tortós Albán

4
La voz que duerme entre las piedras
Luis Esteban Rodríguez Romero

5
Solo
César Angulo Navarro

6
Échele miel
Cristopher Montero Corrales

7
La quinta esquina del cuadrilátero
Paola Valverde

8
Profecía de los trenes y los almendros muertos
Marco Aguilar

9
El diablo vuelve a casa
Randall Roque

10
Intimidades / Intimacies
Odeth Osorio Orduña

11
Sinfonía del ayer
Carlos Enrique Rivera Chacón

12
Tiro de gracia / Coup de Grace
Ulises Córdova

13
Al olvido llama el puerto
Arnoldo Quirós Salazar

14
Como brote de helecho
Carolina Campos

15
Vuelo unitario
Carlos Vázquez Segura

Colección
LABIOS EN LLAMAS
Poesía emergente
(Homenaje a Lydia Dávila)

1
Fiesta equivocada
Lucía Carvalho

2
Entropías
Byron Ramírez Agüero

3
Reposo entre agujas
Daniel Araya Tortós

Colección
MUNDO DEL REVÉS
Poesía infantil
(Homenaje a María Elena Walsh)

1
Amor completo como un esqueleto
Minor Arias Uva

2
Del libro de cuentos inventados por mamá
La joven ombú
Marisa Russo

Colección
MEMORIA DE LA FIEBRE
Poesía feminista
(Homenaje a Carilda Oliver Labra)

1
Bitácora de mujeres extrañas
Esther M. García

2
Una jacaranda en medio del patio
Zel Cabrera

3
Erótica maldita
María Bonilla

Colección
VEINTE SURCOS
Antologías colectivas
(Homenaje a Julia de Burgos)

1

Antología 2020 / Anthology 2020
Ocho poetas hispanounidenses / Eight Hispanic American Poets
Luis Alberto Ambroggio

Para los que piensan, como Vicente Huidobro, que *de las cabezas prematuras brotan alas ardientes,* este libro se terminó de imprimir en el mes de mayo de 2021 en los Estados Unidos de América.

www.ingramcontent.com/pod-product-compliance
Lightning Source LLC
Chambersburg PA
CBHW021358090426
42742CB00009B/908